上海市教育委员会"高校学生心理危机案例分析"专项（2016）支持

# 高校学生心理危机干预案例集

刘明波　刘纯姣　李淑臻　主编

上海教育出版社
SHANGHAI EDUCATIONAL PUBLISHING HOUSE

## 编委会

**主编** 刘明波　刘纯姣　李淑臻

**编委**（以姓氏笔画为序）

| | | | | | | |
|---|---|---|---|---|---|---|
| 丁　敏 | 马　莹 | 王树江 | 王冠玥 | 王　莉 | 王爱丽 | 白　茹 |
| 吕建萍 | 任丽杰 | 刘纯姣 | 刘明波 | 刘　璐 | 李正云 | 李永慧 |
| 李清怡 | 李淑臻 | 李薇玲 | 吴双磊 | 吴燕霞 | 沈园花 | 沈　漫 |
| 宋　娟 | 张　宁 | 张瑞青 | 张翠芳 | 陈　鑫 | 赵　娟 | 姜颖杰 |
| 姚玉红 | 顾秀萍 | 钱　捷 | 徐欣颖 | 高　宁 | 唐　玲 | 谌　誉 |
| 董海涛 | 程玉莲 | 鄢　静 | 雷利娟 | 廖粤新 | 戴　赟 | |

# 序

心理健康教育是提高大学生心理素质，促进大学生身心健康、和谐发展的教育，是高校人才培养体系的重要组成部分，是高校思想政治工作的重要内容。以习近平总书记为核心的党中央高度重视大学生心理健康教育工作。在全国高校思想政治工作会议上，习近平总书记强调："要坚持不懈促进高校和谐稳定，培育理性平和的健康心态，加强人文关怀和心理疏导，把高校建设成为安定团结的模范之地。"在党的十九大报告中，习近平总书记明确提出："加强社会心理服务体系建设，培育自尊自信、理性平和、积极向上的社会心态。"在全国教育大会上，习近平总书记强调，以凝聚人心、完善人格、开发人力、培育人才、造福人民为工作目标，培养德智体美劳全面发展的社会主义建设者和接班人。习近平总书记的这些重要论述，是我们做好新时代大学生心理健康教育工作的思想指针和行动指南。

党和国家高度重视大学生的心理健康，出台一系列政策文件，推动各地高校加强大学生心理健康教育尤其是危机干预工作。2016年12月，国家卫生计生委等22个部门联合印发《关于加强心理健康服务的指导意见》，明确提出高等院校要积极开设心理健康教育课程，开展心理健康教育活动；重视提升大学生的心理调适能力，保持良好的适应能力，重视自杀预防，开展心理危机干预。2017年12月，中共教育部党组印发《高校思想政治工作质量提升工程实施纲要》，明确要求高校深入构建包括"预防干预"在内的"五位一体"的心理健康教育工作格局，提升心理育人工作质量。2018年7月，中共教育部党组印发《高等学校学生心理健康教育指导纲要》，进一步明确要健全心理危机预防和快速反应机制，建立学校、院系、班级、宿舍"四级"预警防控体系，完善心理危机干预工作预案，做好对心理危机学生的跟踪服务，注重做好特殊时期、不同季节的心理危机预防与干预工作，定期开展案例督导和个案研讨，不断提高心理危机预防与干预的专业水平。

上海市教育委员会高度重视大学生心理健康教育，全面贯彻落实党中央及中共教育部党组等上级部门的有关决策和部署，创立上海学生心理健康教育发展中心并加强工作指导，发挥上海高校心理健康教育在全国的领先优势，不断加强体制机制建设，持续开展理论探索和实践创新，深入推动全市各高校加强心理健康教育，尤其是心理危机预防与干预工作。2016年，上海市教育委员会德育处指导上海学生心理健康教育发展中心开展高校学生心理危机干预案例的征集与研究。2018年，上海市教育委员会把编写出版《高校学生心理危机干预案例集》列入工作要点，推动相关工作持续开展。2019年，上海市教育委员会指导"上海高校心理健康教育与咨询示范中心（复旦大学）"开展高校学生心理健康分级分类干预工作机制相关专题培训，加强心理危机干预案例的研究，开展技能培训，提高队伍实务能力。2020年，上海市教育委员会出台《关于加强上海学校心理健康教育的意见》，要求充分发挥"学校、院系（年级）、班级、宿舍"工作网络的预警作用，进一步健全心理危机预防干预机制。正是在政府主管部门的关心和推动下，在业务指导单位和各高校的共同参与下，本案例集才得以集结和出版。

本案例集收录了近年来上海市高校学生心理危机干预工作真实案例，涉及不同专业不同年级高校学生由学业与适应、恋爱与人际关系、心境障碍和精神病性障碍等导致的心理危机状态的干预处置情况，真实反映了当前高校学生心理发展易受阻或受挫的若干高风险领域，展现了各高校面对大学生心理危机时全员参与、主动有为的责任担当和务实投入，也反映出各高校在心理危机预防与干预工作中还存在的一些不足或短板。案例的作者既是案例报告的撰写者，又是危机干预工作的直接实施者和参与者。作者在保护好当事学生隐私的前提下，实事求是地汇报了工作情况，认真总结了经验和体会，反思了工作中的不足或教训,对于读者真实开展高校学生心理危机预防与干预工作有很好的借鉴作用。

相信读者一定能够从每个案例报告中读出每一个作者、每一个心理助人工作者、每一个学生工作者力图帮助每一个面临心理困境的学生的巨大热忱和使命担当,读出每一个当事学生在身陷困境时不言放弃、努力坚持的顽强毅力和勇气,读出今后更好地帮助处于心理困境的学生的工作方略和改进之道。诚如是,则本案例集的编写出版便具有了极为重要的意义和价值。

感谢为本案例集出版付出努力和给予帮助的所有人!

上海市教育委员会德育处处长　沙　军

# 前　言

近年来，随着社会经济的不断发展，社会竞争压力明显增加，学习、工作和生活的节奏日益加快，文化、教育和家庭等方面的多元化特征日益突出，高校学生越来越多地承受来自环境适应、人际交往、学业成绩、亲密关系、升学就业等诸多方面的压力，这给他们尚未成熟的心理带来了巨大冲击，校园心理危机事件频发，引起全社会的广泛关注，给高校心理健康教育和安全稳定工作带来了很大的挑战和压力。如何有效开展心理危机预防与干预，已经成为高校心理健康教育实务工作和研究探索的重中之重。

上海市教育委员会高度重视高校学生心理危机预防与干预工作，领导和指导上海市高校贯彻落实有关文件精神，立足本地高校实际，从体制机制、组织领导、工作体系、策略方法、医教结合等多方面采取积极措施，持续推进高校学生心理危机预防与干预工作的建设和发展。本案例集的结集出版，是在政府主管部门、业务指导单位、专业团体、各高校等的重视、关心和支持下取得的积极成果。

本案例集共收录了二十九个高校学生心理危机干预的案例，每个案例都包含当事学生基本情况、危机发生、危机干预、干预结果、经验分享和案例点评六个部分。这二十九个案例报告主要涉及自我伤害、伤害他人及自我照顾能力缺失三大类危机。我们根据危机的主要诱因或主要表现，将这二十九个案例大致分为四个板块，也就是本案例集的四个篇章：学业与适应、恋爱与人际关系、心境障碍、精神病性障碍及其他。案例来自近年来上海市高校的实际工作案例，案例类型和内容具有较好的代表性和典型性。

本案例集主要有四个特点：第一是案例中的工作举措真实可信，值得借鉴。本案例集要求案例作者在保证当事人权益的基础上，尽量不对干预措施进行"艺术加工"，不做"粉饰"或"美化"，真实呈现干预工作的过程，以利于读者反思或借鉴。第二是如实呈现案例中相关部门和角色的参与情况，突出本色。学生心理危机的发现和干预，并不是学校某一个部门的事情。各案例全面反映了心理危机干预工作中校内外有关部门及人员立足本职、密切合作的工作情况，体现了高校心理危机预防与干预工作的系统性和务实性。第三是严格遵守工作伦理，切实保护当事人隐私。为最大限度保护当事人的隐私，本案例集要求案例作者隐去当事人的个人信息，删除或修改有可能辨识出当事人的具体信息，同时还要求案例作者提供允许案例发表的"当事人知情同意书"。第四是案例作者业务专精，经验丰富。所有案例作者都是上海市高校心理健康教育工作的专职工作者或学有所成的青年学者，包括辅导员和心理咨询师，他们大都具有心理学相关专业的硕士或博士学位，有些还是心理健康教育专业的副教授或教授，接受过心理咨询师的系统培训，长期坚守学生工作和心理健康教育工作第一线，有较为丰富的危机干预实战经验。

中国高校心理危机预防与干预工作一直在积极发展。有的专家和学者翻译引进了其他国家或地区的书籍和文献，有的编撰自己的著作，对心理危机干预的原理、方法和策略等内容进行论证和论述。但是，直接把心理危机预防与干预一线工作中成功的干预案例进行整理汇编的，还不多见。本案例集汇集了近年来一线工作者的一手经验，真实展现了心理危机干预工作中的有效做法和成功经验，同时也毫不回避地呈现了工作中的一些遗憾甚至教训，对于后续开展和改进高校学生心理危机预防与干预工作，具有很好的参考和借鉴意义。在此，要特别感谢每一位参与编写的同仁，是大家共同的努力才让这些宝贵的工作经验能够得以分享，使我们有机会更好地改进工作，帮助更多需要帮助的人。感谢上海市教育委员会德育处、上海学生心理健康教育发展中心的领导和专家对本案例集编撰出版的指导、关心和支持。最后，还要感谢担任本书编辑的上海教育出版社的王蕾老师，正是她的耐心、宽容以及温和而坚定的督促,本案例集才有幸能够与广大读者见面。

由于我们主编和各位案例作者学识、时间和精力有限,本案例集可能还会有许多不当、不妥和不足之处,敬请读者不吝指正!

主　编

# 目 录

## 第一篇 学业与适应

**1 整合成长之路**
——一例由学业困难引发心理危机的干预报告 … 3

**2 从山重水复到柳暗花明**
——一例由升学失利引发心理危机的干预报告 … 9

**3 令人窒息的"爱"**
——一例由大学适应不良引发自杀危机的干预报告 … 16

**4 "你说的民主家庭会就是政治检讨会"**
——一例由出国受挫引发心理危机的干预报告 … 20

**5 讳疾忌医为哪般,可怜天下父母心**
——一例由考试压力引发精神分裂症的干预报告 … 27

## 第二篇 恋爱与人际关系

**6 秉承专业,多方协同**
——一例由就业与恋爱双重打击引发自杀危机的干预报告 … 35

**7 "我想要一个幸福的家"**
——一例由失恋引发自杀危机的干预报告 … 40

**8 失去之殇与"面子"之怒**
——一例由失恋引发自杀危机的干预报告 … 47

9 "没了她，努力都没有了意义"
　　——一例由失恋引发自杀危机的干预报告　　　　　　　　　　55

10 心理危机，重在预防
　　——一例由失恋引发精神分裂症的干预报告　　　　　　　　62

11 罂粟之恋
　　——一例由跨国恋爱挫折引发精神分裂症的干预报告　　　　68

12 当爱已成往事
　　——一例由大学生情感挫折引发自杀危机的干预报告　　　　71

13 爱已殇，恨入骨
　　——一例由恋爱中的暴力伤害事件引发心理危机的干预报告　76

14 寝室人际冲突的背后
　　——一例由寝室人际关系冲突引发心理危机的干预报告　　　85

15 在冲突中遇见更好的自己
　　——一例由人际冲突引发自我伤害危机的干预报告　　　　　94

16 自由的博弈
　　——一例由父子关系不良引发自杀危机的干预报告　　　　　100

第三篇　心境障碍

17 直面困难，赢得生机
　　——一例由抑郁情绪引发自伤危机的干预报告　　　　　　　107

18 协同努力，化危为机
　　——一例由抑郁症引发自杀危机的干预报告　　　　　　　　113

19 凝心聚力，关爱陪伴
　　——一例由抑郁症引发自我伤害危机的干预报告　　　　　　118

| 20 | 系统观下的多方合作和双赢 | |
| --- | --- | --- |
| | ——一例由重度抑郁症引发自伤危机的干预报告 | 125 |
| 21 | 与抑郁同行 | |
| | ——一例由毕业前重度抑郁症引发自杀危机的干预报告 | 131 |
| 22 | 在荆棘中绽放的花朵 | |
| | ——一例由双相情感障碍引发自杀危机的干预报告 | 137 |

## 第四篇 精神病性障碍及其他

| 23 | 学生失联后重返校园 | |
| --- | --- | --- |
| | ——一例由突发精神分裂症引发危机的干预报告 | 147 |
| 24 | 戏剧化的精神分裂症案例 | |
| | ——一例由精神障碍引发失联危机的干预报告 | 152 |
| 25 | 在协同教育中健康成长 | |
| | ——一例由突发精神疾病引发心理危机的干预报告 | 157 |
| 26 | 积极发挥四级网络在危机干预中的作用 | |
| | ——一例由突发精神疾病引发心理危机的干预报告 | 161 |
| 27 | 干预，赢得信任的过程 | |
| | ——一例由突发分裂样精神障碍引发危机的干预报告 | 166 |
| 28 | 如何防控突发心理疾病 | |
| | ——一例由精神障碍引发伤人危机的干预报告 | 172 |
| 29 | "在妈妈的心里我只有5岁" | |
| | ——一例由血友病引发心理危机的干预报告 | 175 |

# 第一篇　学业与适应

　　大学阶段是人的一生当中非常重要的一段时期。在此期间，大学生要走向独立，完成学业，发展自我。通常这不会是一帆风顺的，有些大学生会陷入迷茫、空虚和苦痛，还有些大学生会走上自我伤害的极端道路。在迈向独立自主的过程中，大学生需要身边的老师和同学给予更多的关心和帮助。

# 1 整合成长之路
## ——一例由学业困难引发心理危机的干预报告

当事人小雅（化名），女，25岁，研究生。小雅身材瘦弱，皮肤较白，面带微笑，但眼神警惕，暗淡无光。小雅是家中独女，父亲是一个普通工人，月收入仅千元，母亲做一点小生意。在小雅的眼中，父亲是一个古板的人，而她与妈妈的关系也比较疏远。父母关系紧张，经常吵架，家中缺乏情感沟通。

小雅的成长经历有些坎坷。小雅自幼由爷爷奶奶带大，8岁时跟大姨生活过一段时间，10岁左右母亲下岗，高中时在姑妈家寄宿。小雅从小乖巧、顺从、听话，成绩优秀，获得父母认可。到了高中，由于父母越来越难以满足小雅的精神需求，高考时，小雅赌气从北方考到南方。本科时，小雅学习成绩中等，个人感情受过挫折，使她对亲密关系感到紧张。生活的曲折造成了小雅压抑和讨好的性格，当父母提出想让她读研究生时，小雅顺从并成功考取了研究生。

小雅说自己从7岁开始"就不再有轻松的童年"。她的情绪时起时落，但都没有对学业和生活产生过严重影响。小雅的家族中也没有精神病史。

### 危机发生

小雅发生心理危机的主要诱因可以分外部因素和内部因素两个方面。从外部因素来看，小雅的爷爷和奶奶相继去世是小雅情绪低落的触发点。小雅说，爷爷奶奶去世后，她开始变得消沉了。随后，小雅的父亲开始酗酒，工作能力下降，导致小雅的家庭出现经济危机。此外，小雅的研究生导师分配给她一个难度较高的研究课题，需要她独立完成，小雅感到无法承担。亲人离世，家庭经济危机和学业危机，这三个主要的外部因素让小雅的心理压力增大。

从内部因素来看，小雅的生活经历使她产生压抑情绪和压抑自我的行为模式，愤怒日积月累却又害怕冲突。面对长辈时，小雅要求自己必须顺从，压抑自己的意见。虽然小雅对读研究生不感兴趣，但仍然服从了父母的意愿，埋下学业危机的伏笔。小雅渴望赞美和认同，对自己要求苛刻，虽然对研究生导师感到不满，但只能压抑愤怒，选择逃避。在室友和实验室同学面前，小雅表面上故作轻松，内心却恐惧不安。

小雅开始出现抑郁的症状。她发觉自己开始抵触去实验室，对做实验感到特别厌烦。她将心事讲给大姨听，结果大姨打电话找了小雅的研究生导师，研究生导师批评小雅说："你再这样下去就让你退学。"一方面，小雅感到被大姨出卖了，很愤怒；另一方面，小雅害怕研究生导师将对她的不满告诉师兄和师姐，让她颜面扫地。对外的愤怒无法得到释放，就会将攻击转向自身。小雅开始将自己封闭起来，每天只吃两顿饭，睡眠时间越来越长，但睡眠质量越来越差，生理周期也开始向后延。小雅经常独自在寝室哭泣，也曾考虑过休学，但担心来自外界的舆论和压力，以及对父母的打击。小雅觉得心理上无法承受这样的羞耻感。不能休学，实验的压力越来越大，小雅的内心越来越压抑和恐惧。

小雅的抑郁症状开始恶化，对内的攻击逐渐增强。小雅认为自己没有价值，开始有了自杀的念头。小雅开始将愤怒情绪付诸行动，完全不去实验室，经常关机，研究生导师和家人无法联系到她，矛盾越发激化。之后，小雅曾到上海某医院看过一次心理门诊。在心理医生的鼓励下，小雅到心理咨询中心寻求帮助。

**危机干预**

在心理咨询的档案卡上，小雅明确表示了自己的厌世情绪和自杀念头。这是心理咨询师开展心理危机评估和干预的重要信号之一。接着，心理咨询师与小雅建立信任的关系，并从临床角度观察和评估小雅的情绪、思维、智力、冲动性、安全性、社会支持系统以及基本的社会功能状况。同时，心理咨询师根据小雅以往的人际互动特点，考虑小雅与心理咨询师当下发生的移情关系特征，制订适合的心理危机干预措施，获得小雅的配合与认可。

初次心理咨询的评估结果是，小雅情绪哀伤、低落，但思维连贯，认知功能正常；冲动性可控，但安全性较低；社会支持系统差，基本社会功能中等程度受损。小雅在陈述的过程中，人际互动表现出顺从、合作，但自尊较低，倾向掩盖问题，隐藏愤怒，将愤怒转向自身并攻击自身的特点，容易让心理咨询师对小雅的实际状况产生错误的认识。因此，主动、果断、自信与包容的心理咨询风格能够给小雅提供其所需的安全感和信任感。更重要的是，心理咨询师及时发现了小雅的回避倾向，直接面对小雅心理危机的严重性，帮助小雅面对其心理危机，积极配合心理咨询。

初次心理咨询结束后，心理咨询师制订了心理危机干预措施。首先，澄清并确认小雅的自杀危机程度。小雅承认自己想过自杀，并且考虑过跳楼这一自杀途径，但父母是她非常在乎的人，她保证在心理咨询期间不采取自杀行为。其次，制订心理咨询方案。根据小雅积极求助的行为和未严重受损的自控能力，心理咨询师同意小雅的保密要求。由于小雅的危机状况和较差的社会支持系统，心理咨询师决定每周进行3次心理咨询。心理咨询师与小雅约定，如果小雅没有按照约定接受心理咨询，心理咨询师就立即通知小雅所在学院。心理咨询取得较好效果后，心理咨询的频率按需递减。再次，心理咨询师要求小雅调整饮食与作息，保持身体健康。最后，心理咨询的目标定为提升小雅的自尊心和自我效能感，找到缓解小雅学业压力的有效途径，面对压抑的愤怒情绪，改善小雅与研究生导师、父母等重要他人的人际关系，化解心理危机。这四点得到了小雅的认可，使她对心理咨询建立起信心。

心理咨询的第一、第二周，每周进行3次心理咨询。第三周进行2次心理咨询。从第四周开始，每周进行1次心理咨询。心理咨询进行了13次，共8周。心理咨询结束一个月后，心理咨询师对小雅进行邮件回访。

**干预结果**

第一周的3次心理咨询过后，小雅的厌世情绪在很大程度得到缓解，逐渐恢复对自己和未来的希望。饮食上，小雅可以做到3餐正常吃饭，睡眠时间也调整到每天8—9小时。第二周心理咨询时，小雅的个人卫生情况大大改善，表明小雅的社会功能逐渐得到恢复。虽然小雅的抑郁情绪得到缓解，但由于小雅无法按期完成实验，从实际出发，小雅在第5次心理咨询时决定申请休学半年。心理咨询师对小雅休学的决定给予理解和支持。第四周心理咨询后，小雅亲自找研究生导师面谈了一次，休学的决定得到了研究生导师的谅解和支持。第六周心理咨询时，小雅恢复了继续完成学业的信心，同时在休学的决定方面，与父母取得了共识，与家人的关系有了一定程度的缓解。解除了进退两难的学业危机和心理危机，改善了与重要他人的关系之后，小雅的目光变得明亮了，眼神也变柔和了。心理咨询结束一个月后的邮件回访中，小雅表示自己已在老家休整，心情平稳，并在老家尝试做一些自己感兴趣的兼职工作。

**经验分享**

对于小雅的心理危机发展过程和处理结果，我们有以下几点经验。

1. 识别行为模式

导致小雅心理危机不断恶化，甚至产生自杀念头的关键因素是小雅压抑愤怒，将愤怒转向自身并攻击自身的行为模式。此次心理危机干预过程中，心理咨询的重点是帮助小雅看到这种行为模式引发的严重后果,协助小雅寻找解决现实危机的有效方法。心理咨询过程中,心理咨询师发现并处理小雅对心理咨询师压抑的愤怒,让她体会到面对愤怒的安全感,学习自我伤害之外更好的处理愤怒的其他方法。然而,短期心理咨询只能暂时缓解小雅的心理危机,并不能真正治愈小雅性格中的抑郁因子,即压抑和攻击自身的行为模式。长程的精神分析或支持性心理治疗或许对小雅有帮助。

2. 寻找现实困难事件的解决途径

大学生心理危机通常包含一个或几个现实困难事件,而学业危机和情感问题是常见的触发点。在处理大学生心理危机时,不仅要在心理上给予支持和干预,还必须寻找现实困难事件的解决途径,增强其对现实困难事件的控制感和解决问题的自信心。

3. 心理咨询师应注意观察自己的情绪

抑郁症患者常见多疑、敏感、愤怒、固执等人格特点,容易在心理咨询中激起心理咨询师的负面情绪,不利于心理咨询工作顺利开展。心理咨询师应注意观察自己的情绪,在必要时寻求督导和同辈的支持和帮助。

4. 加强对研究生性格的培养

在高校培养方案中,研究生的培养目标和要求是以学术研究和科研成果为主要导向的,但是在研究生的性格培养和思想引导方面,非常需要学校相关部门和人员继续探索适合的新模式和新思路。

**案例点评**

在该案例中,小雅受抑郁情绪的影响,主观意识狭窄化并产生轻生的念头。事后来看,小雅在心理咨询之前可能就已经有了申请休学的念头,由于不知道如何面对研究生导师可能的拒绝和亲人的不理解,因此来心理咨询室寻求支持和帮助。轻生的念头只是小雅情急之下抵御焦虑的一种思考方式。抑郁状态的确存在,但在正向移情的作用下可以得到快速而有效的缓解,说明小雅的人格基本健全。心理咨询师在心理咨询过程中，一方面与小雅建立正向的咨访关系，稳定小雅的情绪；另一方面关注现实层面的问题解决，协助小雅在有限的时间内找到她认可的出路，可能是该案例能够成功解除危机的关键。

心理咨询师在遇到主动咨询的危机个案时，应对求助者身处的危机状况给予充分的确认与接纳，避免回避或轻视求助者的现实困难以及绝望的主观感受。要做到这点，心理咨询师需要有较强的心智化功能以及较好的自我觉察与情结修通的能力。

## 2 从山重水复到柳暗花明

——一例由升学失利引发心理危机的干预报告

芯怡（化名），女，20岁，大一新生。芯怡性格内向，缺少朋友，习惯独处，自我要求严苛，平时喜欢阅读哲学书籍，对心理学情有独钟。中学阶段，芯怡就读当地重点高中，成绩优异。由于突发的身体状况，芯怡高考发挥失常，与理想的重点大学失之交臂，后被调剂至某普通高校。芯怡心有不甘，孤注一掷，潜心备战重点大学插班生的考试。但事与愿违，面对接踵而来的失败，芯怡绝望无助，为此休学一年。在父母劝说下，芯怡选择出国留学，成为一名海外留学预科生。芯怡在海外留学预科学习期间成绩平平，旷课严重，精神状态差，时常默默流泪，具有悲观沮丧的消极情绪。

**危机发生**

新生报到次日，芯怡便主动到辅导员办公室，怯生生地询问道："老师，请问我们学校有心理辅导吗？"辅导员一边给予肯定的答复，一边上下打量眼前这个面容清秀、性格柔弱的女孩，捕捉可能隐含的求助信号。

班级心理委员反映，芯怡整天长吁短叹，忧心忡忡，多次流露对现状不满又无力摆脱的想法，同学试图开导她，她却沉浸在自己的世界里，认为别人不能理解她。芯怡经常旷课，这严重影响了她的学习和生活。

辅导员给予芯怡无条件的积极关注，通过交流，了解了芯怡的家庭环境以及成长经历。芯怡从小乖巧懂事，父亲是高校教师，母亲是公职人员，家人对其宠爱有加，芯怡对父母的依赖性较强。芯怡是个自视甚高的孩子，高考和插班生考试的失利使她内心充满绝望。芯怡平时与同学沟通交流，探讨人生和哲学，同学认为她很另类，不愿搭理她；上课时，芯怡提不起精神，总觉得老师和同学在笑话她，认为自己不被接纳，缺少认同感；芯怡的情绪低落，生活没有一丝乐趣。

辅导员通过电话与芯怡的家长沟通得知，芯怡从小非常听父母的话，但是两次考试失利后，芯怡的性情大变，变得敏感多疑，充满敌意。芯怡开始对父母爱理不理，曾多次在电话里与父母发生激烈争执，后来发展到不愿接听父母电话的程度。由于无法与芯怡好好沟通，芯怡的父母只能通过辅导员来了解芯怡的在校情况。

海外留学预科生为了更好地衔接国外的大学课程，需要在国内接受高强度的语言及专业培训。为此，他们在学业和心理上承受很大的压力。辅导员与芯怡建立了信任关系，芯怡逐渐敞开心扉，道出她内心的困扰。

首先，考试失利对芯怡的打击很大，虽然芯怡在原先考取的普通高校办了休学，但是复学时间将至，芯怡必须学习不感兴趣的专业，内心痛苦不堪，觉得天都要塌下来了。

其次，芯怡第一次远离父母，独立生活，同学和室友不接纳芯怡。发生矛盾后，芯怡觉得自己受到排挤，而父母也不理解自己，时常有孤独感。

再次，学习压力大，部分同学有小语种基础，而芯怡却是零起点，她怕学业跟不上，失去自信，无法接受自己平庸的状态。

最后，芯怡听从父母之意，来海外留学预科就读，但对语言学习不感兴趣，感觉未来没有出路。

芯怡整日郁郁寡欢，觉得生活没有意思。原计划向学院的心理咨询师寻求帮助，却因学业繁忙，未能实现。某日上午，辅导员接到芯怡父母的电话，说要马上在电话里联系上芯怡，而事由则不便说明。辅导员没有多想，便迅速转告芯怡。然而，随后，辅导员发现，芯怡打完电话后就再没回教室上课。下午，芯怡父母再次给辅导员打电话，苦苦哀求道："老师，芯怡要出事了！

原先她考取的高校催办复学手续,芯怡反应特别大,不愿回去,想不开,要轻生,拜托您无论如何帮我们先找到孩子!"那绝望痛苦的声音,像一把利剑,直插辅导员的心头。辅导员马上联系芯怡,然而,芯怡不接电话,也不回消息,这让大家心急如焚。学院其他老师与辅导员一起,火速奔赴校区的教学楼、食堂以及宿舍帮忙找寻。经过一个多小时的找寻,最终在食堂三楼天台上找到了企图轻生的芯怡。

**危机干预**

首先,事发当日,辅导员迅速向学院分管领导、项目负责人、心理咨询师、校保卫处通报了芯怡的基本情况,搭建多方协作与密切配合的平台,建立班级、学院和学校的三级预警系统。与此同时,辅导员与芯怡父母联系,共同协商制订了危机处理预案。

其次,辅导员运用危机干预技术,稳定芯怡情绪,控制事态发展。辅导员主动倾听,运用理解、真诚、接纳、尊重等倾听技术,给芯怡以心理上的支持,鼓励芯怡将内心的情感表达出来,芯怡的负面情绪得到疏通和缓解。

芯怡的危机事件,表面看是芯怡不愿复学,不愿面对高考失利带来的痛苦,然而深入分析可以发现,芯怡存在认知曲解,也有消极的观念,认为不能如愿去心仪的大学学习,一切就变得毫无意义。

通过共感,辅导员给芯怡以精神上的支持,充分发挥启发、引导、促进和鼓励的作用,让芯怡相信身边的辅导员是值得信赖的,是关心并且可以真正帮助她的人。

再次,对芯怡的心理危机状况进行专业评估,制订心理危机的干预措施。

事发后,结合心理咨询师与芯怡的访谈结果和辅导员了解的情况,芯怡所在学院给出了心理危机评估的结果。一方面,芯怡情绪低落,对前途悲观、失望,对生活没有兴趣,有自杀意念和实施行为。同学反映,芯怡情绪一直很不好,微信中常发一些消极、悲观的语句,多次谈论关于死亡的话题。另一方面，芯怡心理压力大，难以集中注意力，不愿与人交流，有严重的睡眠问题。芯怡告诉心理咨询师，父母对她的期望让她的内心备受压力，两次考试失利后，她觉得抬不起头来。进入大学后，芯怡不能很好地适应集体生活，与同学相处不愉快。总之，芯怡具有抑郁的"三低"症状，即持续情绪低落，思维缓慢，动作迟钝与语言减少，情况较严重，病程持续2周以上。心理咨询师根据芯怡的状态，初步评估芯怡有重度抑郁的倾向，建议芯怡去精神科医院接受进一步诊断和治疗。

芯怡所在学院根据芯怡的心理危机评估结果制订了阶段性的干预方案，帮助消除芯怡的自杀意念，正确看待成败，恢复正常的人际交往，重建自信心，纠正芯怡的认知曲解，培养并练习新的人际交往技能，更好地融入大学生活。具体方案包括：（1）心理咨询。心理咨询师通过心理疏导，帮助芯怡分析心理危机产生的原因，消除心理危机，改变不良认知，重新接纳自我。从芯怡高考失利到插班生考试失败，芯怡的心理产生了一系列变化，一开始处于典型的考试焦虑状态，自负和脆弱让芯怡无法接受自己不如他人的事实。然而，高考失利和插班生考试失败，是因为芯怡的父母对芯怡的学习提出了过高的要求，超越了芯怡的承受能力，形成了过度的心理压力。要让芯怡正视考试的价值，充分认识到抑郁是一种正常的情绪反应。生活中人人都会遇到形形色色的挫折，绝大部分人能自我调适，化解不快。如果整日沮丧悲观，沉湎于过去的挫败，那么就会严重影响个体的身心健康。心理咨询师鼓励芯怡改变不良认知，调整心态，提高应对危机的能力。（2）成长辅导。辅导员和班主任严加防范芯怡可能出现的自杀行为，定期找芯怡谈心，鼓励她把内心的痛苦宣泄出来，释放积聚的不良情绪；帮助芯怡缓解压力，正确自我定位，重塑自信；针对芯怡在人际关系相处方面存在的问题，给予正面引导，提高芯怡的人际交往技巧，使芯怡融入集体，增加归属感。针对芯怡学习上的困扰，辅导员和班主任联系助教老师，加强课后督导，帮助芯怡提高学习的主动性和积极性。针对复学的事宜，鼓励芯怡面对现实，不逃避问题，通过利弊分析，找准自我定位，提高自信心。(3)朋辈互助。辅导员召集班委会，对芯怡的心理状况进行说明，并培训危机处理的技巧。约谈芯怡寝室同学，化解矛盾。倡导学生骨干力量发挥积极引导作用，营造包容、接纳的环境，密切关注芯怡，如有发现异样情况，及时向辅导员汇报。召开班会，倡导互助互爱的班级风气，用接纳和包容的态度拉近芯怡与同学的关系，鼓励芯怡参与集体活动，使芯怡感受到集体的温暖，获得被关注和接纳的良好情感体验。(4)家校配合。辅导员和分管学生工作的领导通过微信和电话与芯怡父母保持密切联系，建立良好的信息互通渠道，共同帮助芯怡，明确干预目标。

**干预结果**

在辅导员、心理咨询师、同学和父母的帮助下，芯怡的不良认知有所改善，情绪的协调能力提高，与同学相处较好，学习积极性也得到提高，尤其在学院组织的读书报告会中表现突出，促进了芯怡自我的成长。最后，芯怡完成了海外留学预科规定的课程，顺利结业。

**经验分享**

对于芯怡心理危机发生、发展和干预的过程，我们有以下几点经验可以分享。

1. 心理危机干预是一项系统工程，必须依靠各方力量配合进行

心理危机干预机制和三级预警系统各尽其责，协同配合。本案例就充分发挥并整合了三级预警系统的力量。班级是一级预警系统，包括班级委员、心理委员、寝室长等，一级预警系统的成员要做好信息反馈和温情陪伴的工作；学院是二级预警系统，包括辅导员、班主任、项目负责人和学院心理咨询师等，二级预警系统的成员侧重疏导，防止意外事件发生；学校是三级预警系统，包括学校心理辅导中心、后勤宿管办、校保卫处等职能部门，三级预警

系统的各个部门要协同配合,处理危机。促进学生的心理健康,是学院心理辅导工作的重点,更是学校稳定工作的重中之重。

2. 提高心理危机干预队伍的危机干预意识和心理学专业素养

心理委员、班主任和辅导员是配合处理危机干预的一线主力军,应具备危机干预意识和心理学专业素养,在处理心理危机时加以应用,提高危机干预的有效性。学校应加强心理危机干预队伍的建设,提高心理危机干预队伍的心理学专业素养是心理危机干预成功的重要保障。

3. 定期心理普查,搭建人际关系支持平台,开通就医绿色通道,对学生心理危机干预十分重要

通过定期心理普查,学院可掌握学生整体的心理状况,可对重点学生进行关注,有针对性地给予指导和帮助。大学期间,学生经常会遇到人际关系处理方面的问题,如果学生的性格以及成长经历存在一些缺陷或是伤痛,往往会造成很大的影响,导致产生心理危机。学校要可尽量搭建人际关系支持平台,促进学生全面发展。此外,学校要与专业的精神科医院合作,为重点学生开通就医绿色通道,提供快速、安全、有效的诊断和治疗服务。

**案例点评**

本案例中的芯怡,对自身的消极情绪及抑郁症状,有一定的自知力。校方建议芯怡前往专业的精神科医院接受治疗,芯怡不愿意,随后情绪反复变化,屡次出现自杀倾向,校方及时干预,并建议芯怡父母24小时陪护,但芯怡父母认为,这仅是芯怡的叛逆行为,因此没有来校监护芯怡的人身安全,给学校的稳定工作带来了极大隐患。尽管学院领导、项目负责人、辅导员、心理咨询师、校保卫处集体出面,多次约谈芯怡父母,提出医疗机构和人员来校转介的建议,但由于缺乏相关法律和制度的支持,无法实行,使得危机干预中出现僵持局面,这也成为本次心理危机干预中遇到的瓶颈问题。

对于高考失利,芯怡将其视为命运的作弄,试图拼尽全力,把人生道路

拨回正轨。然而,在插班生考试中名落孙山的残酷事实,使芯怡的自我预期与现实产生巨大落差,引发芯怡自我否定、自我放弃的想法,产生严重的心理问题并试图自杀。芯怡自杀行为的背后有认知的支持,具有以下两个特征:一是芯怡有高度的绝望感,绝望感越高,自杀的可能性就越大;二是芯怡觉得不能应对生活中出现的问题,即不能面对复学的事实,不能面对学习中不如他人的事实,不能面对生活中不能处理好与他人关系的事实。所以,断定问题不可能解决的认知是芯怡产生自杀倾向的一个重要影响因素。由此可见,对有自杀倾向的抑郁学生进行认知干预显得尤为重要。

最终,通过心理咨询、成长辅导、朋辈互助和家校配合,芯怡的消极情绪逐渐消失,建立了信心,提高了应对能力,达到了预期的危机干预效果。

## 3　令人窒息的"爱"
### ——一例由大学适应不良引发自杀危机的干预报告

A，女，大一新生。A有一个哥哥，也在高校就读。A的父母是上海某公司的高管，A从小一直在上海读书。A的母亲是家庭的主导者，对A照顾周到细致，同时也非常严厉。A的性格比较内向、敏感，入学之后和班级同学来往较少，只有几个来自同一所高中的朋友。A进入大学之前，从未接受过心理咨询或治疗。

**危机发生**

A大学入学不到一个月的某天下午，用刀子割腕，伤害自己。A左手手腕处划了一道比较深的伤口，血流不止，好在同学及时发现，陪A到校医院，医生对A的伤口进行了包扎处理。之后，A由同学陪护，离开校医院。校医院的医生联系了A的辅导员，A的辅导员接到校医院医生的电话之后，首先安排班级委员联系A，同时将情况上报给学院分管领导，学院分管领导将这一情况上报给学校相关部门，启动了危机紧急干预程序。

**危机干预**

辅导员把A和陪A去校医院的同学带回学院办公室，了解事件详情，努力稳定A的情绪。随后，辅导员通知A的父母，并等候A的父母到来。A的父母到校后，将A接回家休养。

辅导员把A和A的同学带回学院办公室的时候，A的情绪仍然很低落。

辅导员跟 A 谈话的过程中，A 一直低头沉默，拒绝交流。因此，辅导员在学院办公室了解的情况都是由 A 的同学代为讲述的。

由于在学院办公室无法与 A 沟通和交流，因此辅导员陪 A 回到 A 的宿舍，在宿舍中与 A 单独交流，A 慢慢说出自己的想法。A 的言谈中流露出对家人的愤怒。A 认为，母亲对她的"爱"太多了，把她保护得太好了。实际上，A 认为，母亲把她管得太严了，什么事情都是母亲说了算，即使上了大学还是如此。A 认为，身边的人都是母亲派来监视她的，因此对身边的人充满了敌意。

A 的父母来接 A 回家的时候，辅导员与 A 的父母进行了交谈，进一步了解情况。在与 A 的父母交谈的过程中，A 的母亲是主要对话人，A 的父亲在交谈中很少说话，母亲主导家庭话语权的倾向比较明显。在分析 A 割腕伤害自己的原因时，A 的母亲认为，是 A 想住校，但没有得到母亲的同意，因此闹情绪导致的。但是，从宿舍管理员提供的情况和 A 自己的叙述中可以看出，原因并不那么简单。除了住校问题，还有恋爱问题。原来，A 谈恋爱的事情并没有得到父母的同意，一段时间以来在恋爱问题上的亲子对立，导致 A 采取割腕的方式对抗父母的管理，为自己争取权利。

这是一个典型的伤害危机应急干预案例，需要学校各方面，包括校医院、学院领导、辅导员、宿舍管理员等全面参与，时间上一环扣一环，哪一环出问题或没有及时处理，都可能造成严重的后果。正是由于 A 的同学及时发现，校医院医生及时反馈，辅导员第一时间跟进，及时陪同和了解情况，并迅速作出反应，通知 A 的家长，才保证了 A 的安全。

辅导员与 A 和 A 的父母的会谈与沟通，增进了辅导员对 A 和 A 的父母的了解，辅导员的反馈也有利于 A 的父母调整家庭沟通方式和管教方式，为 A 随后的改善奠定了很好的基础。此外，辅导员还联系了学校心理辅导中心，为 A 预约了定期的心理咨询。

**干预结果**

在家休养几天之后，A 返回学校，继续学习。辅导员做了 A 所在班级主要班级委员的工作，让 A 参与班级工作，感受集体的温暖。同时，A 也定期接受心理咨询。一个学期后，A 的情况日渐好转，逐渐适应了大学生活，在大学里有了自己的朋友圈，人也开朗乐观了很多。

**经验分享**

新生进入大学后，环境发生了转变，需要一个适应过程。此外，新生对大学有很多期待，这种期待可能与现实生活有矛盾。当新生不能很好地调适，不能找到解决问题的渠道时，就容易走向极端。

在处理 A 的心理危机过程中，我们有以下几点经验和体会。

1. 学生安全需要学校各个部门紧密联动

第一时间知晓此案例的是校医院的医生，校医院的医生很快将 A 的情况反馈到 A 所在学院，A 的辅导员及时掌握信息，迅速找到 A，了解情况，联系 A 的家长，开展后续工作。

2. 建立三级网络的重要性

学生不是生活在校园中的独立个体，A 后来之所以能够顺利完成学业，在很大程度得益于 A 的班级委员和同学的关心与帮助，同辈之间的关怀更能让学生感到温暖。

3. 辅导员需要掌握基本的心理知识和危机干预知识

辅导员是直接接触学生，关注学生平时生活和学习状态的人。本案例中的辅导员有一定的心理学背景，面对 A 的自杀倾向时，并未表现出恐慌，而是耐心陪伴，通过共情与倾听，帮助 A 打开心扉。同时，辅导员借助 A 的同学关心的力量和心理辅导中心的专业力量，有效帮助了 A。

4. 家庭是学生心理健康的重要影响因素，也是心理干预工作的重要方面

A 从小性格比较内向、敏感，母亲比较强势，从小到大，母亲对 A 的管理

也较严格,用A的话说,母亲一直安排人在旁边监视她,并随时把她的情况向母亲汇报。进入大学之后,A的母亲依然如此,因此A感到十分压抑。为了促进A的成长,辅导员和A的父母进行了沟通,强调给A成长空间的重要性。A的父母作出改变后,A的情况也随之改善。

5. 学校及学院制订系统的应急预案非常重要

每个学生都是鲜活的生命,出现危机后,如果能及时进行干预,就可以挽救一个生命。如果没有系统、完善且成熟的应急预案,在危机发现和干预过程中,只要有一个环节出了问题,就有可能造成严重的后果。

**案例点评**

A的问题主要来源于她的家庭,强势的母亲,严格的要求,A选择接受、服从和妥协。直到进入大学,A开始觉得自己已经长大,想要自主的生活,但又无法有效应对母亲一贯的严格要求,对父母的不满逐渐积压,因此出现自伤行为。

A的母亲较为强势,给A的生活带来很大的影响。在新生入学时,A的母亲陪A一起来报到。由于A的母亲认为宿舍的住宿条件太差,所以让A一个人住到了条件较好的宿舍,一人住一间。虽然住宿条件变好了,但是A与班级其他同学基本没有了交流,这给A适应新环境增加了一层障碍,内向、敏感的A变得更孤独。与此同时,A的恋爱问题没有得到父母的认可,A内心痛苦、压抑,最终出现极端行为。

本案例所反映的是较为极端和典型的大学新生适应问题导致的伤害危机。适应不良是大学新生常见的问题,需要同学、老师细心观察,了解情况之后第一时间采取措施,帮助他们渡过难关,让年轻的生命绽放青春的光彩。

## 4 "你说的民主家庭会就是政治检讨会"
### ——一例由出国受挫引发心理危机的干预报告

当事人小H,女,大二本科生,独生女。小H的爸爸是一名军人,小时候有一段时间因爸爸攻读学位而由妈妈独自养育。高一开始,小H就有了轻度抑郁,靠跑马拉松调整得积极了一点。考入大学后,大一时小H开始觉得没有学习动力,大一下学期休学去考国外的高校,收到国外高校的录取通知书后,由于小H爸妈极力反对而放弃,小H的情绪更低落了,很长时间不与家人说话和交流。小H还曾试图自杀。假期看过好几个医生,做过心理咨询,也服用过药物,但小H表示,心理咨询和服药完全没用。

**危机发生**

小H复学后,状态变得更严重,害怕和别人交流,质疑所有人的评价;害怕人多的地方,怕到走不动路;厌学,干什么都觉得是被迫的。每天晚上,小H不是睡不着觉,就是做噩梦。小H感觉自己十分难受,想逃避,不知道活着是为了什么。后来,小H又遇到了宿舍关系问题,她觉得实在受不了,只好向辅导员求助,希望辅导员能帮助自己调换宿舍。辅导员了解到小H的情况不只是宿舍关系问题,和小H面谈后认为小H需要接受危机干预。

**危机干预**

小H的辅导员第一时间联系了小H家长,告知家长小H目前的危机状态,请家长来学校陪伴。同时,辅导员联系学校心理咨询中心,陈述了小H的情况。心理咨询中心评估后认为，小H有过自杀经历，属于危机个案，请小H所在学院时刻关注小H的动态。小H的妈妈也赶到学校，与小H同住。

三位心理咨询师与小H、小H的妈妈和辅导员在心理咨询中心进行了第一次开放式对话，对小H进行危机干预。小H的爸爸到学校后，又对小H进行了第二次开放式对话。后来，心理咨询师又在一周后、一个月后和学期末，对小H进行了回访，了解小H的情况。

在第一次开放式对话中，心理咨询师了解到，小H的爸爸一直在部队生活，且家庭中没有女孩，因此不知道如何对待女孩，从小对小H的教育比较简单粗暴，例如，因为小H动作慢会把小H从屋里扔出去；因为小H不听从安排，曾经动手打过她，而且打得很重等。小H的爸爸用部队里对待士兵的办法对待小H，小H的妈妈认为，这给小H留下了心理阴影。

谈到出国受挫这件事，小H特别激动，她详细描述了自己休学备考期间是多么努力和投入，而当父母极力反对时自己又是多么痛苦，感觉做什么都没意思了，不想学习，情绪低落，很长时间不愿意说话，也自杀过。小H的妈妈比较诚恳地道歉，说知道放弃出国这件事对小H打击挺大的，可是当时家里确实有困难，因此非常抱歉。小H表示，由于当时妈妈到处说这件事，亲戚朋友都来劝她，让她放弃出国。在亲戚眼里，小H成了特别不懂事、不体谅父母的孩子，这让她特别恼火。小H的妈妈觉得，小H想要出国是因为受到朋友的鼓动，对朋友太好，太相信朋友，而缺少自己的判断。小H因此更加生气，反驳说根本不是这样，妈妈总是拿自己的眼光看待别人，贬低自己的朋友。

小H的妈妈表示小H太单纯了，不放心她，怕她出事，怕她被骗。小H说，妈妈始终把她当成十一二岁的小女孩，她觉得妈妈特别没有安全感，有时候还很幼稚。

对于小H目前的状态，小H的妈妈觉得小H没事，可能是她给自己的压力太大了，要自己调整。小H的妈妈表示，自己年轻时也抑郁过，是靠自己调整过来的。小H表示，自己调整不好。

在第二次开放式对话中，心理咨询师请小H一家谈一下对这次开放式对话的期待。小H的爸爸表示，希望小H幸福，希望小H打开心结。只要小H能打开心结，她想做什么都可以。小H的爸爸认为，小H的韧性很强，初中时要控制体重，坚持每天跑步3公里。高中时，有一次开家庭会，小H发表了演说，很有自己的观点，比她的姐姐（姐姐那个时候是大学生了）还要强。小H的妈妈表示，希望小H树立自己的目标。小H则希望爸爸改变教育理念，不要那么理性。

心理咨询师首先感谢了小H的爸爸克服困难赶来学校，看到了小H的爸爸对女儿的重视，同时向小H的爸爸介绍了第一次开放式对话的基本内容。小H的爸爸表示，小H是自己的宝贝女儿，其他什么事情都没有女儿的事情重要，自己特别爱女儿，可是不知道怎么爱才是对的，经常用对待部队士兵的方式对待她，他也检讨了自己对女儿简单粗暴给女儿造成的伤害。

以下是对话节选。

**小H的爸爸**：我们家是很讲民主的，有什么问题都可以坐下来谈，开个民主家庭会，大家一起讨论。

**心理咨询师**：不好意思，爸爸请等一下。刚才我注意到，当你说开个民主家庭会的时候，小H皱眉了，我想问问小H是有什么要表达的吗？

**小H**：什么民主家庭会啊，就是政治检讨会。

**心理咨询师**：政治检讨会？可以多说一点吗？

**小H**：表面上是民主，其实就是压迫，民主家庭会要开到所有人都同意爸爸的观点才能结束。如果我有不同的观点，就要批判我，让我检讨。这就是政治检讨会！

**心理咨询师**：哦，民主家庭会要所有人都同意爸爸的观点，谁有不同观点就要检讨。小H爸爸，听到小H这么说，你有什么想法吗？

小 H 的爸爸(有些意外)：可能是这样，但我都没有意识到，可能我要改一下。

小 H：还有，我做什么事他们都要看着。以前我出去玩，我不担心有坏人，就担心爸爸妈妈跟踪我。

**心理咨询师**：跟踪你？

小 H：对啊，他们总是偷偷跟着我，看我和谁一起，干些什么。

小 H 的妈妈：这个我要解释一下，没有总是，只有一次。

小 H：很多次，好吗？

小 H 的妈妈：真的只有一次，那次我们……

小 H：他们就在那里偷听我们说话。

小 H 的妈妈：不是，不是偷听，是正好听到。

小 H：后来，我的同学都笑话我，说我爸爸妈妈跟踪我。

小 H 的妈妈：不是跟踪，是我们约好在那里碰面。

小 H：那你们为什么偷偷躲起来，偷听我们说话，然后还取笑我们？

小 H 的爸爸：这是因为我和她妈妈觉得小 H 是一个女孩子，又特别单纯，出去玩不安全，那次我们想看看她有没有反侦察的能力，就悄悄在附近观察她。真不是要故意跟踪她的。还有很多事情，比如她总觉得我偷看她的日记，或者跟踪她，其实根本没有。我通过观察，观察她的一些举动就可以判断出来，而且判断得很准。

小 H：我最讨厌你这样，你还很得意。

**心理咨询师**：你的意思是，你讨厌爸爸通过观察来了解你的事情，他还觉得自己很得意？

小 H：他这样会给我无形的压力。

**心理咨询师**：爸爸总是能很准确地通过你的举动判断出你的信息，这让你感到有无形的压力？

小 H(点头)：我妈妈还经常把我不好的事情告诉别人。有个过于热心的阿姨来我们家玩，我妈妈就把我不好的事情告诉她。平时我们之间发生什么，她也会和亲戚说。

**心理咨询师**：和亲戚说？

小 H：对啊，所以现在亲戚都认为我是个不听话、任性、对妈妈不好的小孩，我都不愿意和亲戚见面了。

这段对话后，小 H 的爸爸表示，自己之前从来没有意识到，他认为的民主家庭会在女儿的心目中是政治检讨会，他自己很得意的和女儿的心意相通会给女儿造成压力。小 H 的妈妈也表示，自己从来没有意识到自己喜欢和朋友、亲戚讲家里的事会给女儿造成压力，影响女儿在其他人心中的形象，自己当时只是为了排解自己的压力。同时，小 H 的父母还表示，没意识到父母觉得好玩的事（藏在树后观察女儿和朋友），女儿会那么生气，会认为父母不尊重她，以后会改变这种对待女儿的方式。

小 H 说，这次对话让她感觉自己的话被父母听到并且认真对待了，心里觉得轻松很多。

后来的回访中，小 H 的妈妈表示，感觉这次开放式对话真的是打开心扉的谈话，虽然以前一家人也会坐下来谈，但是没有今天这样有效。小 H 的爸爸反馈说，这次开放式对话拯救了他们这一家庭，使他们获得很大的启发，看到了彼此之间需要调整的部分。小 H 说，在开放式对话中，我第一次有机会说出自己的感受，而且被父母听到。

在心理咨询师的建议下，小 H 的父母又带着小 H 到精神卫生中心就诊。

**干预结果**

两次开放式对话后，心理咨询师建议小 H 继续接受一对一的心理咨询，但小 H 没有预约心理咨询。一周后，心理咨询师对小 H 及其父母进行了回访，小 H 表示，和父母这样沟通后，她心理轻松点，能正常上课了，最近忙于社团活动,过得很充实。

一个月后,心理咨询师继续对小 H 进行回访,小 H 表示,自己和父母的关系改善很多,睡眠也好了很多,最近没接触陌生人,社交情况良好。学习方面还存在一些困难。小 H 很感激与三位心理咨询师开展的开放式对话,现在和父母之间的沟通好了很多。

学期末的回访中,小 H 表示,学业有压力,但已确立了考研的目标。

**经验分享**

回顾起来,这次采用开放式对话的方式进行心理危机干预,我们有以下几点经验值得分享。

1. 及时处理,化解危机

小 H 所在学院的学生管理部门处理及时,在了解到小 H 的危机情况后,第一时间联系了小 H 的家长和心理咨询中心,为危机处理争取到了宝贵的时间。

2. 家长配合特别重要

本案例中,小 H 的父母是非常重视和关心孩子的,但是这种重视和关心不一定能够以孩子愿意接受的方式传递给孩子。作为心理危机干预者,要创造一个可以让父母和孩子好好对话的空间,让孩子能够真实感受到父母对孩子的关心和重视。更重要的是,父母在对话中愿意面对自己的问题,愿意作出调整,这种重要的支持使孩子有了持续改变的可能。

3. 开放式对话是一种有效的危机干预工作方式

回访显示,这两次开放式对话,帮助小 H 的父母看到小 H 的不容易,听到小 H 对于家长做法的不满,小 H 的个人诉求,也帮助小 H 看到父母的不容易,以及父母对自己的爱。家庭成员之间敞开心扉,表达各自的想法,消除了之前因误会而产生的隔阂,这是这个家庭之前从来没有的。

4. 确定心理危机个案的严重程度

对于发生心理危机的个案,心理咨询师应根据其严重程度,决定是否转介到精神卫生医院,由精神科医生进行诊断和治疗。

5. 持续关注,定期回访

心理咨询师和辅导员应持续关注心理危机个案,定期对心理危机个案进行回访,关注和了解心理危机个案的变化和状态,及时提供干预和帮助,这对于心理危机个案后续的恢复很重要。

**案例点评**

亲子沟通不畅和亲子矛盾是引发大学生心理危机的常见原因。本案例中,小H的父亲由于家庭及职业等方面的原因,在小H的教育上存在一些误区而不自知,他把军营里训练士兵的方法用在女儿身上,而且又时常不在家,和女儿的情感连接不稳固。小H的父亲这种粗暴生硬的教育方式给小H造成了心理阴影。小H的社交恐惧与父亲的教养方式不当有较大关系。小H的母亲无法给女儿带来所需要的保护和安全感,而且母亲偏理性和爱讲道理的沟通方式,也无法满足女儿的期望。在开放式对话中,一家三口真正听见了彼此,修通了亲子关系,小H的父母的道歉和反省,让小H了解到父母对自己的爱,父母和孩子之间断掉的关系重新连接起来,焦虑和社交恐惧等症状就慢慢消除了,小H可以继续投入正常的学习、生活中。

## 5　讳疾忌医为哪般，可怜天下父母心
### ——一例由考试压力引发精神分裂症的干预报告

小凡（化名），女，大四本科生。幼年时期，小凡的父亲常年在外做生意，平时比较少关心小凡。小凡的母亲是普通工人，非常看重小凡的学习。据说，当时家里很期盼生一个男孩，当发现生下的是女孩时，家里老人一度比较失望。因此，小凡的母亲格外期望小凡出人头地，不让别人瞧不起。小凡从小乖巧懂事，学习成绩优异，没有让父母操心过，平时性格较内向、文静，话不太多，人长得白净，和同学关系也不错，没有心理咨询或心理治疗的经验。新生入学心理测试显示，小凡无身体症状，无抑郁、焦虑症状，无病态人格，遇事较宽容，对他人不苛刻，敢于面对现状，情绪稳定，遇事不慌，比较冷静，能正确认识自己。但效度量表显示，小凡在测验过程中可能在说谎，测试结果的可信度值得怀疑。

**危机发生**

小凡学习一向认真。大四下学期的司法考试对小凡来说是相当重要的，因为这是在学校的最后一个学年，如果能拿到司法考试证书，或许对她的就业大有帮助。小凡很早就开始准备。同学经常见小凡一个人在图书馆复习得很晚才回寝室。大四下学期开学后，同学纷纷回到学校。平时大家都比较独立，各忙各的，寝室里并未发现有明显的异常。

司法考试后的第三天，小凡的室友Z发现小凡在自言自语，一开始还以为她在打电话，后来发现不是。小凡时不时问Z对一些政治事件的看法，说

她受到了政治迫害,头很痛。Z觉得有些奇怪,不过也没太放在心上。Z以为小凡考试复习过于疲劳,国庆放假休息几天就会好。

国庆假期第三天中午,小凡出去吃饭,回来跟Z说,外面有人跟踪她。晚上,Z叫上小凡,和另外一个同学S一起出去逛街散心。逛街时,小凡一直说很多人都在迫害她。她举例说,自己在自习室睡觉休息时,总有人故意踢门不让她休息;司法考试时,考场明明是学校,周围却有消防车,这明显就是在跟踪她。S注意到,小凡说这些话的时候音量特别大,很偏激,有点语无伦次,像是换了一个人,心里不免感到担心和害怕。她们觉得小凡的问题比较严重且紧急,回到寝室后马上给辅导员W老师打了电话。W老师接到电话后决定第二天上午到寝室找小凡面谈,同时叮嘱Z密切注意小凡的言行,尽量陪伴左右。

**危机干预**

辅导员W老师及时与小凡本人进行了面谈,全面了解情况。小凡说,她一直受头痛的困扰,并称某天看到一条新闻,随手发表了一句评论,从此受到迫害。小凡认为,身边所有人都有共同的上级,接受指令专门过来迫害她。自己的亲朋好友、发小同学,甚至父母都已经被收买,自己处于孤立无援的地步,无人可以相信。小凡开始不敢反抗,现在会回骂。三个月瘦了近20斤,头痛欲裂,备受折磨,快受不了了。

W老师认为,小凡有明显的被害妄想、幻听和幻视,于是马上将情况通报给了小凡所在学院的相关负责人,安排学生在寝室陪护,并联系了小凡的父母,请他们尽快赶到学校。小凡的父母在外地,答应第二天赶来。同时,W老师也跟学校心理咨询中心联系,听取心理咨询师的专业建议。心理咨询师根据W老师提供的信息,认为她的评估和所采取的行动是正确的,小凡的精神状态存在异常,疑似患有严重的精神障碍,需要让小凡的父母尽快带小凡去精神卫生中心就诊,同时确保小凡身边有人陪同,注意安全。

然而，突然发生了意外的情况。国庆假期第四天晚上九点多，小凡突然背着书包要走，Z追在后面问她去哪，小凡说她去地铁站。Z想要拉住她时，已经来不及，一转眼，小凡不见了。晚上十一点多，Z给小凡打电话，小凡说手机快没电了，于是挂了电话。之后，小凡再也不接任何人包括她父母的电话。这突然发生的意外情况让所有人的心都悬了起来。虽然是在国庆假期，但是学生的安全仍然是第一位的。第二天上午，学校组织相关人员召开了一次危机干预工作会议，确定下一步的工作方案。小凡的父母也赶到了。校方告知小凡的父母，根据初步评估，小凡现在精神异常，且处于失联状态，为了能尽快找到小凡，让她立即就医，需要马上去派出所报案。随后，小凡的父母去派出所报案，请派出所协助搜寻小凡的下落。

失联两天之后，派出所终于发现了小凡，确定小凡当下是安全的。下午，小凡自己返回寝室。大家松了一口气。据小凡自己说，这两天她都在抵制迫害，而给她打电话的人是要故意消耗她的电量，是在追她，所以她不接任何人的电话。

在心理咨询师的建议下，小凡的父母带小凡去精神卫生中心就诊。医生详细了解了小凡的情况，将小凡诊断为精神分裂症，且处于急性发作期，建议住院治疗。小凡的父母商量后，决定带小凡回老家休息和治疗。

然而，没想到的是，小凡回到老家后，没有接受任何治疗，12月便返校了。小凡的父母和小凡本人坚持认为没什么问题，只是当时考试压力大，心情不好，回家休息一段时间后已经恢复了。因为接下来要期末考试了，小凡的父母希望小凡回学校参加考试，不要影响毕业。回学校前，小凡的父母去了另外一家医院，以初诊的状态就医，医生诊断没有问题。小凡回到寝室后，小凡的室友发现她有时会独自哭泣，不说话，有一天晚上还一直敲打墙壁。小凡的室友很害怕，相继搬出了宿舍。小凡不愿意接受心理辅导，小凡的父母也不愿意陪读。学校只能密切关注小凡的情况。

次年5月份，小凡出现比较严重的复发迹象，多次到派出所报案，声称有人跟踪、监视她。辅导员 W 老师再一次和小凡的父母沟通，说明了情况的严重性。为了确保小凡的人身安全，建议小凡的父母前来陪读并及时就医。后来，小凡的母亲前来陪读，但是坚决否认小凡有精神问题，拒绝就医，认为去年精神卫生中心的诊断是有问题的，是医生不认真。在这种情况下，学校以书面形式告知小凡可能存在的危险以及建议采取的措施。6 月，小凡毕业，离开学校。

**干预结果**

小凡最后拿到了毕业证书，顺利毕业。小凡和她的家人都重视学业成就，这可能是小凡和她的家人最希望看到的结果。

**经验分享**

回顾整个危机干预过程，因为得不到家长的配合，所以危机干预工作开展得并不顺利，总结下来，我们有以下几点经验和体会分享。

1. 重视知识储备，临危不乱

本案例中的辅导员 W 老师拥有丰富的学生工作经验，具备一定的心理学知识，对异常心理状态有敏锐的辨别能力。接到学生汇报后，W 老师能及时与小凡面谈，进行初步评估，并在第一时间通报学院和心理咨询中心，联系家长，临危不乱，为危机干预争取了宝贵的时间。

2. 领导高度重视，整合资源

小凡失联后，学校组织相关人员召开了一次危机干预工作会议，整合资源，应对危机。在此次危机干预中，所在地区的派出所帮忙调监控系统，了解小凡的动向，为危机干预提供了有力的支持。

3. 医校合作，及时转介

学校与所在区域的精神卫生中心建立了医教结合项目，医教结合的工作模式深入到学校心理健康教育、心理咨询和危机干预的过程当中。心理咨询中心的工作人员严格遵守工作界限和职业伦理，对小凡进行初步评估后，第一时间建议小凡父母送小凡去专业的精神卫生中心就诊,确保小凡能够得到专业、规范的诊断和治疗。医教结合项目为危机干预工作提供了有力的专业保障。

4. 危机干预后期,密切关注

急性发作期过去后,小凡处于比较稳定的状态。即使如此,学校也未放松警惕,始终密切关注小凡的情况。在小凡出现复发迹象时,及时与小凡父母沟通,建议小凡父母前来陪读。即便小凡父母不配合,学校也始终以专业的精神和尽责的态度给出建议、提醒和持续的关心。

**案例点评**

精神分裂症是一组病因未明的重性精神疾病,严格来说,本案例中,考试压力只是诱发小凡精神分裂症发作的可能原因之一。精神分裂症发作期,感知觉、思维、情感和行为等多方面出现障碍,精神活动不协调,严重影响患者的学习、生活和人际交往,甚至影响到生命安全,因此必须及时干预,避免造成重大损失。本案例中,小凡的意外出走和失联让人担心不已,幸好没有造成严重的后果。值得重视和讨论的是,在父母尚未到校履行监护义务时,如何监护已经处于精神疾病急性发作期的学生?小凡当时已经出现严重的幻视、幻听和妄想症状,虽然已经请寝室同学陪护,但是作为室友或同学,她们没有义务也不可能长期对小凡进行24小时监护。以后出现类似情况时,是否可以考虑请宿舍管理员、保安等一起参与进来,确保学生的生命安全?此外,在情况紧急下,学校是否可以在获得学生监护人的书面授权后,将学生送往医疗机构接受诊断和治疗?

根据精神卫生中心的诊断,小凡的病情是明确的,需要住院接受治疗。根据《中华人民共和国精神卫生法》第三章第三十条明确规定:"精神障碍的住院治疗实行自愿原则。"第三十一条规定:"监护人不同意的,医疗机构不得对患者实施住院治疗。"小凡父母一再讳疾忌医,只希望小凡拿到学位,顺利毕业。在这种情况下,学校也无可奈何,唯有尽力提供所能提供的心理健康服务,同时承担校园安全的隐忧和压力。好在小凡顺利毕业了。然而,小凡没有得到任何治疗。在这种情况下,小凡以及小凡的家庭未来会怎么样,我们真的无法预知。"可怜天下父母心",在小凡父母的回避里,或许有很多不敢面对的担忧、恐惧和羞耻。无论如何,除了叹息之外,我们唯有祝福这个家庭,希望精神卫生知识能够在全民中更为普及,也希望尊重精神疾病患者的良好风气能够广泛建立起来,使患有精神疾病的患者能得到专业而有效的治疗,早日恢复健康。

# 第二篇 恋爱与人际关系

在大学阶段，亲密关系、亲子关系、师生关系、同学关系等，都是大学生必然会面对的十分重要的发展议题。随着大学生逐步走向独立和自主，恋爱问题与人际关系问题变得更加突出，而恋爱问题往往与自我价值紧密联系，容易成为大学生生命中难以承受的生命之重，有的人因此产生自我伤害或伤害对方的意图或行为，导致严重的校园安全危机。

## 6 秉承专业，多方协同
——一例由就业与恋爱双重打击引发自杀危机的干预报告

G，男，24岁，某高校大四工科学生，自杀危机发生在大学毕业前夕的5月下旬。与同龄学生相比，G的父母都已退休在家，年纪较大。父亲年过六旬，身体不是很好。一家人居住在市区一室半老公房内，家庭经济情况较差。G是参加三校生高考后考入大学的，大学期间，G和同校两位男生——Z与W关系较好。自杀危机事件发生后，也是Z第一时间把G的自杀危机报告给学院的相关老师的。在自杀危机发生之前，G没有在学校寻求过心理咨询的帮助。

**危机发生**

同校某专业大二学生T是G的女友。一个多月前，T向G提出分手，但G觉得自己仍然很喜欢T，不同意分手。据T寝室同学事后讲述，在T提出分手后的一个多月，G经常使用极端的、具有威胁性的方式，包括扣留T的贵重物品，在操场上用刀指着T，以及给T看他用刀割伤手腕后拍的照片等，以获得和T见面的机会。

在T提出分手后的一个多月，G总是闷闷不乐，长时间情绪低落，因此向实习单位请了长假。事发当天的上午，G被实习单位以请假太多为由辞退。事发当天中午十二点左右，G给好友W打电话，说自己很烦恼，希望W能陪他聊聊天。W说下午要上课，然后听讲座，等讲座结束后联络他。下午，G在校园闲逛时，看到T和另一个男生走在一起。

当天晚上，G 发消息告诉前女友 T 自己站在图书馆八楼的楼顶，T 没有回复。晚上八点左右，W 听完讲座打电话给 G，G 说自己在图书馆八楼。W 随即赶到图书馆八楼，看到 G 面朝外坐在八楼到九楼楼梯口的窗台上。W 让 G 下来，可 G 不肯。之后，G 很快跳到图书馆八楼楼顶的边缘。另一位好友 Z 赶到楼梯口时，G 告诉他们 T 没有回复短消息的事。之后，G 对两位好友说，如果晚上九点 T 还不来见他，他就从站的地方跳下去。Z 听后答应帮 G 去找 T，而 G 就一直站在楼顶斜斜的屋檐边缘。此时，乌云夹着暴雨袭来。

**危机干预**

Z 与 G 就读于同一个学院。眼看着自己的好友独自站在雨夜高高的楼顶边缘，Z 十分担心 G 的安危。于是，在当晚九点半左右联系了学院辅导员 Y 老师，Y 老师立刻与学校心理咨询中心的心理咨询师 X 联系，并向本院分管学生工作的领导汇报了 G 的危机情况。

X 是刚参加工作不久的年轻的心理咨询师，为确保危机干预措施适当、稳妥，她在赶往现场前，先电话联系了心理咨询中心资深的心理咨询师 L 老师，向 L 老师汇报了情况，并寻求 L 老师的指导。L 老师肯定了 X 老师快速的反应和敢于直面危机的勇气。接着，L 老师请 X 老师：通知保卫处到现场铺好气垫——要做最坏的准备，即使看起来可能性不大；通知校医到场，以备现场急救和医疗需要；请 G 的辅导员及相关老师到场，以便组织救助；通知 G 的家长，他们既是 G 的监护人，也是救助资源；想办法请当事人 G 一定要见的前女友 T 到场。

在 X 老师确认已通知上述人员尽快到位后，L 老师就现场干预提出专业的建议：建议不断和 G 对话，耐心倾听，保持同理心，稳定 G 的情绪，让 G 感到被接纳和支持；不要拒绝 G 提出的要求，而是要积极地予以满足，对于一时难以满足的要求，则讨论可替代的方案。

X老师上到八楼后,根据L老师的专业建议,向G表明了自己的身份,在征得G的同意后,开始与G对话。G表示,自己现在的愿望是想见一见T,希望T能过来。为稳定G的情绪,X老师与G保持对话,不断建议他靠更安全的里侧站。慢慢地,G开始愿意逐渐向里侧靠近。

在X老师与G对话的同时,学院辅导员Y老师一直在多方联系T。T知道G的危急情况后,立刻从校外赶来。在T赶往学校的同时,心理咨询中心资深的心理咨询师L老师也从家里赶往学校。在车上,L老师电话联系了G的辅导员,了解G的学业、情感、个性、家庭情况,以及G在现场的情绪状况,为接下来的工作做准备。

在L老师抵达现场的同时,G的前女友T也赶到了。L老师请T稍事休息并尝试冷静下来,同时在八楼察看现场,了解事件进展,分析G的心态,快速形成施救方案。由于此前的工作有效,G能够接受一位心理咨询师、一位辅导员及他的两位好友近距离但隔着窗台接近他,甚至允许辅导员爬过窗台,陪他一起站在屋顶上,但要与他保持一米的距离而不要靠近,其他人则明显不信任,一概拒绝。

L老师决定替代年轻的同事X老师,继续对G开展危机干预。L老师走到窗口,向G表明身份,然后表达了对他困境的知情,以及前来帮助他摆脱困境的意愿。G没有拒绝和L老师的对话,但坚持要见前女友T。L老师用肯定且平静的表情和语气让满腹狐疑的G相信,前女友T已经回到学校了。T的到来动摇了G跳楼的"军心",让G意识到自己的目的是要见到T,想要跳楼是他觉得可以见到T的手段。与此同时,L老师不断表达对G身体和心理状况的关心,希望G能喝点温水,吃点东西,并请人准备温水和食物。至此,G已经决定信任L老师,答应让L老师拽住他的手。

在答应满足G见前女友T的意愿的同时,L老师提出了一个交换条件:G要回到楼内。经过多次反复与坚持,双方终于达成了这一协议。当G听到T的呼唤后,在T和L老师的坚持下,G渐次答应了L老师的要求:走近窗台,爬高，踩在递出去的凳子上，接受辅导员的支撑及同学的拉扯，坐上窗台，最终进到楼内。其间，L老师不断从当事人G的角度，提出可行性建议，被G接受。

G被劝进楼道后，L老师请他稍作休息，换下湿衣服，同时针对G"事情闹这么大，没面子，不好收拾"的想法，一面做解释工作，一面请保卫处出面，请现场的人员先行离场，减少不必要的压力。此后，学校心理咨询中心协同学院等有关部门，妥善安置了当事人，给予建议，并给当事人留下电话，希望G在迷茫的时候寻求心理咨询师的帮助。同时，感谢T有大局意识，感谢T的理解、支持与配合。对T在处理与G分手时所面临的困惑，也给出了具体的建议和支持。

**干预结果**

G在经历了这次危机事件之后，在老师和同学的帮助下，调整了自己的心态和想法，努力完成了学业，毕业后也顺利走上工作岗位。

**经验分享**

本次干预的成功，有以下几点经验可以借鉴。

1. 多部门协作

学院、保卫处、校医院、心理咨询中心，包括警察都赶到现场，组成了一个井然有序的救人团体，各显专长，精诚合作。

2. 尊重专业的力量

现场不分领导群众、不分师生、不分内外，都遵从专业人士的工作原则，信任专业人员的工作，保障了干预现场的良好秩序。

3. 救助的基础

辅导员、同学及年轻心理咨询师勇敢、有担当，他们在第一现场与当事人的互动构成了救助的基础。

**案例点评**

作为一次成功的自杀危机干预,从专业的角度解读此次干预过程,则可看出自杀危机干预遵循的六个步骤:确定问题,保证安全,给予支持,提出并验证可替代性应对方式,制订计划和得到承诺。在这个过程中,尤其重要的是心理咨询师的冷静、沉着、专业、可信赖和同理心。心理咨询师对当事人的鼓励与支持,自然流畅地运用技术而不是生搬硬套,以及现场调度资源和力量的能力,确保危机干预顺利进行。此外,学校多年来对自杀危机预防意识的提高及宣传教育工作,为此次倚重专业力量和专家作用,以及多部门协作提供了良好的基础。现场干预结束之后,对当事人后期援助的安排和计划,也体现了专业人员严谨、负责的工作态度和工作作风。

## 7 "我想要一个幸福的家"
——一例由失恋引发自杀危机的干预报告

A，男，22岁，某高校大四学生，因多门课程不及格留级一年。A出生在某省偏远农村，8岁时父母离异，跟父亲生活了一年多。在这期间，父亲经常对A灌输母亲不要他、抛弃他的思想，导致A从小怨恨母亲。后来，因为父亲在生活上对A疏于照顾，A转由改嫁的母亲照顾。A的继父只愿意为A提供经济支持，平时很少与A交流或沟通，加之A从小对母亲有很大的抵触心理，因而母亲及继父都无法对A进行较好的管教。

**危机发生**

一天晚上十点左右，A的论文指导老师因毕业论文方面的事情登录了A的QQ，无意间发现了A的一篇日志，描述A单相思的过程及被拒绝的痛苦，同时还透露出轻生的念头及行动意图。这种消极的言语引起了论文指导老师的警觉，于是立即联系A的辅导员，说明情况并让辅导员尽快了解A的行踪及目前的状态。随后，辅导员发现A在宿舍，通过电话与A进行沟通时，A抗拒，不愿意见辅导员并说自己各方面都很好。

因为A的宿舍位于4楼，且目前宿舍只剩他一人居住，辅导员担心他的安危，于是马上安排另一个同学与他同住。可是，就在辅导员与这个同学到达A宿舍门口时，A看见他们，反应突然变得十分激烈：熄灯、锁门、关掉手机并拒绝开门。辅导员想起A曾经在QQ上写道："……现在才发现我错了，而且是大错特错！我太天真！太愚蠢！……罢！罢！罢！该离开这个伤心的地方,是时候该离开了……"想到这种状况,辅导员不敢忽视此事,立即跟上级领导汇报情况。

**危机干预**

首先,缓解冲突,安抚情绪。

学校危机干预小组得知情况后,迅速协调指挥。危机干预小组中,学院主管学生工作的部门、学生处、保卫处、心理咨询中心等部门的老师迅速赶往现场。经过对当时情况的评估,老师们一致认为,为了避免A误解,心理咨询师暂时不宜与A直接沟通,由辅导员和学院副书记与A直接沟通。

辅导员和学院副书记在A宿舍门口,以商量的语气不断和A交谈,A拒不开门,并说出"不要逼我……"等激烈的言辞。

等A稍稍平静下来后,学院副书记恳切地说:"得知你最近心情不好,我放心不下,专门从家里赶过来,天气这么冷,你忍心让我站在门外吗?既然我来了,就让我们聊一会儿,看到你很好,我马上就回去。"学院副书记平静的、关爱的言语,让A平静下来。就这样,辅导员和学院副书记一直劝A打开门。半小时后,A终于答应将房门打开,但只让学院副书记一人进入。

在学院副书记与A交谈的过程中,A一直低头玩手机,不愿意回应。偶尔只是象征性地点点头。学院副书记关心地问A,最近发生了什么事情,情绪这样低沉?A不愿意谈什么,低头不语。学院副书记接着询问了A的学习情况、交友情况和家庭情况。当问到A的家庭情况时,A说话了:"我爸不管我,我妈管我,可我不愿意让她管我。""为什么?"副书记问道。A说:"我小的时候,我妈离开了我,她不想要我,我也不想亲近她……"

其次,家长配合,解除危机。

在学院副书记与A交谈的同时,保卫处迅速在A宿舍周围安排了保卫人员,防止意外发生;学生处领导请辅导员与A的妈妈取得联系。可是A的妈妈的态度并不积极。她说:"不会有什么事的,他就是那样的脾气,在家也常常是生气后关起门来谁都不理,过两天就好了。明天我再来吧,今晚太晚了。"A的妈妈不知道,A今天的生气可能与以往不同。学校不敢听取A的妈妈的意见,继续与她联系,动员她迅速赶赴学校。A的妈妈在学校坚持不懈地动员下,在学校保证报销她往返交通费用的前提下,从家里出发,乘出租车赶来学校。此时,已是夜里十二点多。

然而,当A得知他妈妈要来学校时,情绪变得极为激动,而且很不高兴。尤其是,当A的妈妈进入宿舍,要带他回家时,他的情绪反应特别强烈,坚决不肯跟随妈妈离开。最后,在学院副书记的劝说下,在保证A第二天可以来学校的情况下,A勉强答应和妈妈一起回家。凌晨两点,学校老师收到A的妈妈的短信,说他们母子已平安到家并对老师的关心表示感谢。

再次,深入了解,解开心结。

第二天下午,辅导员带A来到心理咨询中心进行心理咨询。心理咨询师了解到,A自从父母离婚后,几乎没有过一天快乐的日子。小时候,A的愿望是"只要我每天开开心心就觉得很满足了"。A说:"父母离婚让我有了人生中第一个目标——长大后一定找一个温柔贤惠的妻子,好好爱她,让她幸福!"初中时,他遇到了一个女同学,她很好学而且很优秀。每次看到她时,他的心中就会不自觉地涌出一份温暖的感觉。当时年龄还小,所以A没有说出对她的喜欢,只是把那份温暖的感觉深埋起来,并告诉自己一定要考上大学,而且还要考上她所在城市的大学。A说:"我是为了她而努力学习的,其实高考前我就已经不想读书了,但为了她,我还是坚持读了下去!"

A考上大学后,看见校园里成双成对的大学生情侣,很羡慕他们!想到自己心中喜欢的女孩,想到自己虽然与她不在同一所大学,但毕业后就会见到她,就会向她表白自己这么多年深埋的爱,又觉得还可以坚持,即使孤单也是幸福的。可是,随着年级的增高,A的内心越来越累,因为这只是他一个人的单相思，谁知道她是不是已经和别人谈恋爱了呢？他越来越不放心。终于有一天，他鼓起勇气，向她表白了自己的感情。然而，那个女孩给他的答案是："我从来没有喜欢过你，而且我也不想和你再有任何联系！！！"A听到这个答案后，脑中一下子一片空白，心也觉得好痛。A说："我付出了那么多，竟然换来这样的结果……我可以接受她不喜欢我，但是接受不了她与我断绝关系！毕竟我曾对她那么好！我真恨不得狠狠地揍自己一顿，为什么不早点跟她表白，就算被拒绝也不至于像现在这样痛苦和难过呀！我无法面对自己，我觉得心都碎了，也没什么意义了……"A痛苦得说不下去了。

心理咨询师听完A的陈述，明白了A痛不欲生的原因。等A情绪平静后，心理咨询师与A共同探讨了以下几个问题：

（1）父母离婚的原因是什么？

（2）什么是恋爱？单恋与恋爱有什么区别？

（3）自己是不是在单恋？

（4）自己感情付出给对方，对方就应该回报吗？付出感情是为了自己，还是为了别人？

（5）如何追求幸福爱情才不会走父母失败婚姻的道路？

**干预结果**

心理咨询师与A探讨了以上几个问题后，A恍然大悟：原来自己是在单恋，而不是在恋爱，即使为对方死，对方也可能不以为意；自己的付出是为了自己，自己没有考虑对方愿不愿意接受自己的爱；对方不愿意接受，也是对方的权利，自己没有理由强迫对方接受自己的爱；自己有爱对方的权利，对方也有拒绝自己的权利；恋爱失败，不等于人生失败；父母离婚是因为他们之间缺乏相互爱慕之情，母亲与父亲是被逼结婚，没有爱的婚姻是痛苦的，母亲可能是忍受不了无爱的婚姻才离开自己，而不是抛弃自己，A有点能理解母亲的感受了。A 承认,自己不愿意读书,实际上就是想让父母难受,现在想想自己太傻了。如果自己真的因感情问题不想活了,那么自己比父母还愚昧,自己还一直觉得他们什么都不懂。通过心理咨询才明白,用极端的方式解决困境的想法和做法,实际上是不愿意面对失败的逃避反应;幸福的家需要自己的努力与付出才能获得;要学着理解别人,而不是等待别人理解自己。

心理咨询师肯定了 A 的悟性,希望他学会并保持理性的思考,积极面对自己情感方面的困境。要时刻认识到自己是大学生,是知识分子,考虑问题要比父母周全,为自己着想,也要为别人着想。

A 表示,愿意重新认识父母的关系,积极、正确地看待自己的生活,树立生活的信心,不走父母失败婚姻的老路。同时,A 也表示,愿意努力学习,争取补回因情绪困扰而耽误的学业。

后续跟踪了解到,自从心理咨询后,A 每周 2 次去学院办公室值班,情绪稳定。学习态度也大为改变,变得积极主动,努力学习。毕业前,学院反映 A 的情绪总体较好,没有任何异常。

**经验分享**

对于该自杀危机个案的处理过程与结果,我们有以下几点经验。

1. 细心发现

由于 A 的论文指导老师主动了解 A 的情况,才发现 A 在 QQ 空间里的内心独白和隐藏的异常信号,使得自杀危机干预迅速进行。因此,细心发现和识别危机线索是非常重要的。学校中的学生、宿舍管理员、辅导员、教师和医生等都可以成为危机线索的发现者。

2. 及时报告

A 的论文指导老师不但细心发现了异常情况,还及时联系辅导员,汇报了异常情况,这样危机干预才能没有任何延误,在当事人心理犹豫期就启动了危机干预。

3. 紧急处理

学校成立了危机干预小组,一旦危机发生,危机干预小组人员立即到位,协助处理,有条不紊。该个案所在学院辅导员了解情况后,迅速与家长联系沟通;学院主管学生工作的副书记亲自与学生沟通;学生处领导负责全面指挥协调;保卫处做好现场危机防御准备;心理咨询中心出谋划策。

4. 心理咨询跟进

现场危机排除后,心理咨询一定要跟进。心理咨询师要进一步帮助当事人解除心理危机,指导当事人彻底明白,自杀不是解决问题的方法,而是逃避问题的反应,相信心理咨询师会帮助当事人,解除当事人的心理困扰,排除真正的自杀危机。否则,当事人可能还会出现自杀危机。

**案例点评**

自杀是指个体在意识清醒情况下,故意损害甚至毁灭自己生命的主动或被动的行为。自杀的原因很多,案例中A应该属于解脱型自杀,也就是个体在遭受挫折和打击时,感到极度悲观、内疚、自责、无助、绝望、无能,想要通过自杀逃避现实、解脱痛苦。如果干预及时,会使当事人如梦初醒,幡然悔悟,彻底放弃自杀的念头。

案例比较突出地反映了自杀危机干预的特点:及时果断、组织有方、咨询跟进和切中要害。心理咨询师帮助A分析原生家庭的影响,尤其是受父亲不良教唆,把幼年没有得到母爱的原因归咎于母亲对自己的抛弃,因此产生的负面影响——使A既渴望母爱,又痛恨母亲。A在青春期,将自己对母爱的渴望投射在同班一个女同学身上,以为那是爱情而开始单恋。A在心理咨询师的分析下,逐渐走出固执的心理,重新认识什么是真正的爱情,父母离婚的原因,以及自己的爱情是不是单恋等一系列影响其心理状态的重要问题。

在心理咨询师的帮助下，A 接受并理解了自己的内心，认识到：自己存在非理性思维，自己付出感情属于自愿行为，没理由让对方一定接受；付出感情是为了自己，而不是为了对方；恋爱是双方的，幸福的爱情要靠两个人共同努力，否则会走上父母失败婚姻的道路。咨询过程一气呵成，顺理成章。

## 8 失去之殇与"面子"之怒
——一例由失恋引发自杀危机的干预报告

小王(化名),男,22岁,某重点高校大四工科学生,学习成绩优良,是同学老师眼中不错的学生。即将毕业的那个学期,小王认识了本学院低一年级的女生小李(化名),一起参加了几次活动之后,他对小李产生强烈的好感,认为小李正是自己一直寻找的理想的女生类型。小王开始追求小李。小李是一个性格温和、善良的女生,从未真正恋爱过,对小王强烈追求的攻势有些不知所措——既不是很喜欢,也不是很讨厌,既不想答应,又怕错失机会,起初回应的态度是模棱两可,后来就开始有意回避小王。小王感到挫折,但又不舍得立即放弃,继续试探和追求小李。终于,在一次表白之后,在感动之下,小李答应先从朋友试试看。小王狂喜,以为大势已定,心仪的女朋友到手,更是百般示好,把自己的QQ密码、邮箱密码全部告诉小李,希望能够完全"坦诚相见",加速对方对自己的了解。结果相处不到一个月,小李向小王提出分手,小王接受不了这个现实,认为自己"全情付出""从来没这样喜欢过一个人",却这样惨淡收场。

小王的情绪开始急转直下,喜欢的事情不再爱做,甚至正常的学习生活也受影响。他和要好的同学诉说,同学安慰说:"天涯何处无芳草,何必单恋一枝花。"这让小王觉得,自己不应该这么抑郁,但实际还是难受不已。他和父母诉说,然而父母只有初中文化,平时少言寡语,和小王基本没有深层的交流,听到儿子失恋的事,只是简单安慰了几句,与小王一起责怪对方薄情寡义。小王虽然感受到了关心,但内心的痛苦还是无法释怀。

**危机发生**

随着时间的流逝，小王不但没有提起精神来，还觉得生活了无生趣，开始在QQ日记里抒发自己的感伤和情怀，偶尔还出现一些极端的想法，例如"生不如死""愿意离开这个世界去追逐自己唯美的爱情"，等等。这时，小李听到小王暗自神伤的信息，有些放心不下，感觉这事儿多少和自己有些关系，心有不安的同时就上网查了小王的日记。不看不知道，一看吓一跳——小王居然想轻生！没有经验的小李顿时感到震惊和担心，未仔细思考，就给小王发了个短信，大意就是劝慰小王不要想不开，大家还是可以做朋友的。小李万万没想到，她这个短信会导致事情急剧恶化。

小王收到这个短信后，情绪立即发生了转变。他反复阅读这条短信，精神振奋。他猜：小李是关心我的，我还有希望，我不能轻言失败，我要继续努力！于是小王继续努力，开始约小李见面，做各种示好的事情，让小李不胜其烦，再次表示坚决分手的立场。小王每次感觉气馁时，就扮可怜。小李有时忍不住回小王几条短信，安抚几句。两人纠缠了3个多月。

终于，小李达到了爆发点。她向其最要好的同学求助，小王再次打来电话时，小李最要好的同学代为接听电话。这个同学早已听过小李嘴里"反复纠缠"的故事版本，对小王心有偏见，认为这个男生实在是不爽气。接通电话后，口气很差，说："你烦不烦啊？都说了这么多次，你怎么就是不明白呢？她再也不想见你了……什么最后一面啊？你们都见了多少次最后一面了……实在要死就死吧，谁也管不了了……你变态啊！"最后这句话深深刺痛了小王：变态？！我一片丹心居然是变态！

小王感觉美好的感情到这里彻底变质。他认为，自己由爱生恨，走到今天这步，不只是自己一个人的原因——我开始同意结束，是你发短信说可以做朋友，你曾经和我好过，怎么能这样说我呢？我必须讨个说法！

小王找小李，却再也见不到小李。小王找小李的家长，要小李当面道歉，遭到小李家长的严词拒绝。小王找学院老师,得到"学生情感问题,是非无从判断"的回答。小王非常绝望,自己明明是受害者,却变成大家唾弃的对象——变态!还有什么面子呢?没脸见家长,没脸见老师,没脸见同学,连小李的面都没脸见。

小王心理冲突不止,痛苦不已。终于,小王站到楼顶上,准备以死告天下:我不是变态!我只是遇到了小李这种玩弄感情、道德沦丧的女生而已!幸运的是,他在楼顶徘徊之际被同学发现,并及时告诉了学院老师,心理咨询中心的老师加入了这场危机干预。

**危机干预**

1. 评估与分析

小王遭遇失恋打击后,始终不相信恋爱破裂的真实性,反复努力去挽回关系,希望回到美好的恋爱关系中,在延续恋爱关系的幻想最终破灭时,在巨大的情绪冲击下,有了楼顶徘徊的"自杀尝试"和言语攻击女方的行为。这种冲动型的"自杀尝试"不仅需要评估风险,确保安全,还需要在当事人的情绪基本稳定的情况下,将他带回现实,然后慢慢处理后续的丧失体验,调整他的情绪、认知和行为,发展新的适应性的情绪、认知和行为。

2. 制订干预策略

小王失恋后的挽回行为,对女方的身心健康产生了一定的影响,所以需要立即停止小王自我伤害和影响他人的行为。刚性规则方面,整合法律和校纪校规的力量;柔性支持方面,整合家庭和校方心理咨询的力量。在后续的个体心理咨询中,帮助小王恢复其丧失的现实感,再安抚其情绪,理解其痛苦,使其发展新的适应性行为。

3. 实施干预

学院老师、男女双方家长和心理咨询中心的老师一起和小王面谈,倾听其诉求并告知相关信息,及时叫停小王的激烈言行。心理咨询中心的老师判断小王处于抑郁状态，评估其自杀风险较低后，与小王签署了不自杀或自伤的协议，并建议小王立即前往医院，寻求必要的药物治疗，同时在学校接受一周一次的心理咨询。心理咨询师的主要做法是：整合家庭、学校学院、同学好友等多方面的支持，陪小王一起走过情绪低落的、最困难的一段心路历程；面对失恋的事实，让小王从不同角度看待失去的痛苦和"颜面尽失"的愤怒；帮助小王理解和接受自己的受挫情绪，理智面对失恋，促进个人心理素质的提升。

第一次咨询：建立关系，确定丧失的现实感。

心理咨询师首先感谢小王对心理咨询师的信任，愿意接受咨询。然后认真倾听了小王的苦恼，耐心了解从小王爱恋小李到失恋的整个过程，对其遭受的痛苦表示理解。心理咨询师不断帮助小王直面丧失的现实，奠定讨论问题的基础：这个恋是"失"定了，你需要一段时间来消释这一丧失带来的悲痛。悲痛还没来得及处理，又遭遇后来一连串的误解，这是特别困难的情境。

听到这里，小王感觉自己紧绷的身体、紧张的心情稍微得到缓解，咨访关系初步建立。在此基础上，心理咨询师帮助小王澄清失恋后自杀的想法是因为爱情本身，比如再也找不到如此爱恋的女友，还是因为别的，比如面子。小王的回答是因为别的，因为社会公正，因为面子。单单因为爱情本身，根本不必为这样一个女生寻死觅活。心理咨询师抓住这点作为资源，真诚地欣赏他："一般人从失恋中走出来，最少要一年以上的时间，你只用了这么短的时间就从失恋中走出来，真的很会自我调整。"小王由此察觉到一个新的角度，开始重新考虑自杀的问题。但是，小王仍然感觉到情绪非常低落，以至于无法控制，不知如何应对。心理咨询师介绍了情绪自在自为，有起伏周期性变化的发展规律，并建议小王，当情绪低落时，可以给信任的人打电话，寻找一种陪伴，而不需要立即改变低落的情绪，因为情绪的起伏是一个长长的循环往复的周期变化的过程。小王承诺：再有低落情绪时，打电话给他信任的一位亲戚。

第二次咨询：了解社会支持背景，理解复杂纠葛的情绪。

小王反馈说，获得心理咨询师的欣赏，这很有帮助，但他还是摆脱不了"丢面子"的想法。小王从小到大都是品学兼优的学生，这次这么用心爱一个人，却被骂"变态"，面子尽失。女生还去找家长、学院领导等，弄得学院里人尽皆知，他如过街老鼠一样被人鄙视。这个心里疙瘩，谁也解不开。家人帮不上忙，学院老师也帮不上忙，谁都帮不上忙。小王父母是老实巴交的普通工人，把儿子培养成大学生已经是心满意足，听说失恋事件演变成这样的自杀危机，小王父母也很矛盾，不知如何指导儿子。他们联想到自身也曾受过社会的不公平对待，也曾被他人欺负过，有过类似的感受。因此，对是否追究小李的责任，请小李当面道歉，他们的态度摇摆不定，一会儿说，"儿子，算了吧"，一会儿又说，"这事儿不能完，不蒸馒头争口气！"在小王得不到家人有力的指导和支持的同时，学院老师也没有意识到小王当时心情的恶劣程度，只是当成一般的事情处理，没有和小王深入谈话。小王的好友也在整个事件中，表达出自相矛盾的两种意见：一方面劝他算了，另一方面又说小李的坏话，"这个女的就是玩弄你！"

所有这些都让小王感觉自己是孤军作战，日益走向思想的死胡同。两种极端分裂的情绪撕扯着，无法调和。思来想去，小王觉得，思考的痛苦比死还难受，还不如一死了之，什么毕业啊，找工作啊，都没有任何意义，走出宿舍都变得困难，因为他害怕遇到知情的人，感觉无颜以对。思来想去，小王觉得实在没有活下去的理由了。

针对这样复杂的社会支持背景，心理咨询师首先对整个事件引发的悲伤和愤怒等复杂情绪的交杂表示理解，其中既有虚弱的部分——不舍得失去爱恋的对象，也有力量的部分——求之不得，反受其辱，这种委屈必须反抗。这两部分都是真实而合理的，情绪的起起伏伏都是在表达小王内心的需求。小王内心的需求需要在安全的环境下被认真地倾听。同时，小王还要学习有效的应对方法。

心理咨询师接下来采用认知法，陪小王讨论理解和应对情绪的方法，明白情绪的不同层面真正要说的话是什么？以自己的生命为代价来解决问题是否值得？是否有更好的办法？如果自杀成功，结果是什么？真的能挽回自己的面子吗？会不会更丢脸？会不会给家人带来无法补救的伤害？有没有更好的、更有效的释放和表达挫折情绪的方法？

第三次咨询：拓宽视野，换位思考。

小王的情绪平复很多，但仍感觉无法面对老师和同学，连走在学校里都担心别人会怎么看自己，因此选择尽量宅在宿舍。心理咨询师陪小王继续讨论当下的情绪。当下的情绪好像是羞愧和无助，再加一点愤怒和不甘，偶尔还有一点悲伤，但悲伤的成分较小。越是感到羞愧和无助，就越愤怒和不甘。因为羞愧和无助，就会责怪对方将自己置于如此难堪的境地。心理咨询师从当下的情绪入手，陪小王深入讨论他的一个核心的现实问题：如何找回失去的面子或尊严呢？身边有成功的榜样吗？有人能给你提供令你信服的建议吗？小王回答没有，一个都没有。心理咨询师尝试用空椅技术，教他与"对方"共情：小李可能有怎样的心路历程？当小王发觉小李可能也不好受之后，他第一次认同小李的种种责骂和批评，其实是慌张下的自我保护，本质上不过是在用激烈的方式请求"停下来"！然而，心理咨询师又进一步与小王讨论，这种"停下来"对小李的意义是什么？

第四次至第六次咨询：整合情绪、认知和行为。

小王开始思考以前做的所有事情的心态合理和不合理的地方在哪里，从哪里学来的？家人和朋友为何会和自己一样，也有左右摇摆的矛盾表现？自己为何会用自杀的方式应对冲突、分裂的愤怒和悲伤的情绪？自己可以从这件事中学习到什么？有新的应对方法吗？具体怎么实施？这件事情有没有积极的方面？回答这些问题需要时间。面子的问题还未解决，但也可以带着这些问题，一边思考，一边生活。

小王在学院教师的帮助下开始写论文，找到了一份较满意的工作，生活的改变带来了心态的转变,他开始能接受心理咨询师说的挽回面子的另一种可能:将经历的愤怒和悲伤沉淀下来,转化成前进的动力——努力成为更好的自己!别人怎么看我,我无法决定,但自己不能这样看自己。以危机干预为目的的心理咨询到此结束。

**干预结果**

经过一个多月的干预,小王的心态平静很多,摆脱了自杀的意念和抑郁的危险,基本恢复了正常的生活。目前小王已经顺利毕业、就业。

**经验分享**

整个危机干预过程进展顺利,取得积极的效果,主要得益于以下几个关键点。

1. 及时发现危机,迅速采取措施,多方合力

危机干预启动后,学校调动学院老师、家人和心理咨询师等,开展多方谈话,让学生理性了解相关的学校政策、法律法规和专业求助信息等,制订后续危机干预的计划,包括教师劝解、心理咨询、学业指导和亲友陪伴等。

2. 发现并理解学生情绪的多个层面

随着一件挫折或创伤性事件的发生、发展和变化,学生会产生多种不同性质的情绪,有可能引发内心的分裂、矛盾,同时也带来困惑,产生自我怀疑,甚至产生绝望的无能感和愤怒感。需要由专业人士带领或陪伴,将他的各种情绪体验合理化,认可情绪带来的各种信息和心理需求。之后,才有可能理解别人的情绪和心理需求,发自内心地换位思考。理解不了自己的心理冲突、冲动,理解不了自己的困难、苦衷,也就无法理解别人的心理冲突、冲动和困难、苦衷。

3. 寻找事件积极、正向的意义,帮助学生突破认知偏见

在这起危机干预中,小王的最大诉求是"讨个说法""找回面子",失恋看

上去已没那么痛苦。然而，事实上是"旧伤未好，又添新伤"。失恋的痛苦和讨个说法这两件事，加上社会支持系统的矛盾，让小王困在狭隘的思维当中。心理咨询师的一系列提问而不是说教，让小王冷静下来，之后便开始思考：我以前做的所有事情的心态合理不合理？从哪里学来的？自己可以从这件事中学习到什么？有新的应对方法吗？具体怎么实施？这件事情有没有积极的方面？概言之，心理咨询师的提问帮助当事人从"无法忍受和突破糟糕的现状"，发展到"糟糕的现状情有可原，没那么可怕"，再发展到"既然糟糕的现状不可避免，那么我可以学到什么"，再发展到"摆脱这种糟糕的现状后，我想要过什么样的生活"，以唤起希望来结束危机干预。

**案例点评**

自杀往往是无奈、无助之后尝试解决问题的一种极端方法。彼时彼刻，思维在激烈情绪的带领下进入到愈加狭隘的境地——只有一死了之，别无他法。所以，自杀是解决问题的最后的、唯一的路径。

本案例中，小王面对失恋，产生了激烈的行为，既伤害自己，又威胁他人，需要及时叫停。由于小王的自知力完整，所以在制订危机干预计划时，小王也参与其中。心理咨询中心的老师也加入进来，建立良好的咨访关系，进行后续的心理咨询，为持续、系统地开展危机干预奠定了良好基础。

在心理咨询过程中，小王需要学习的是，在心理咨询师的陪伴下，面对痛苦的情感丧失这一现实，并在情绪、认知和行为上调整自己，形成适应性的行为，重建自尊，重新认识自我。危机案例中争取到友好、支持而又规范的环境，对学生平稳度过危机也是至关重要的。

## 9 "没了她,努力都没有了意义"
### ——一例由失恋引发自杀危机的干预报告

小马(化名),男,某高校大二学生,独生子女。性格较内向,平时比较敏感、脆弱,认知范围较狭窄,情感多抑郁,行为较冲动和情绪化,睡眠状况良好。父母均为当地高中教师,在生活、学习等方面对其要求较高。新生入学心理测试结果显示,他的稳定性、独立性较差,兴奋性、敢为性和敏感性得分较高。父母双方家族成员均无精神病史。

**危机发生**

大二下学期,小马与恋爱一年多的女朋友闹矛盾,开始冷战。随后,女朋友提出分手,小马感到非常痛苦,情绪异常低落,认为生活突然失去了方向。当晚,小马取下脖子上戴的玉佛,挂在宿舍阳台上,用力朝佛像磕头,磕到头部出血,祈求佛祖保佑,期望事情有所改变。但第二天醒来,情况依然如故,女朋友并未同意和好。小马一整天都处于悲伤之中,在宿舍躺了一天,始终不能接受分手的事实,"我以前都是为她学习,为她奋斗,希望以后努力挣钱,让她过好日子,但现在分手了,再怎么努力都没有意义了"。

当天晚上,小马去超市买了啤酒,自己在宿舍阳台上喝闷酒,并不断用力击打墙面,大声唱歌。直到舍友晚上下课回来,才将他拉回宿舍。休息一段时间后,小马难以忍受心中的痛苦,冲上阳台,欲从四楼跳下,并大叫不想活了,被舍友拉住了。

**危机干预**

次日凌晨,心理协会的同学小王来电,反映宿舍区某幢楼四楼的一个同学欲跳楼轻生。闻讯,正在学校值班的心理咨询师立即赶到该楼楼下,在宿舍楼前后转了一圈,未发现吵闹情况,遂联系小王。小王反映,小马已被同学拉回,大家也安定下来。恰在此时,小马在几位舍友的搀扶下,走出楼门。小马已不能自主行走,同学反映其饮酒过量,考虑让他出来透透风、醒醒酒。

1. 安抚当事人情绪,提供情感支持

初次见面,小马衣着单薄。由于天气较冷,心理咨询师安排同学上楼给他取件衣服穿上。小马在舍友的帮助下,坐在楼门外的凳子上,嘴里不停地嘟囔"我不是爸妈的好儿子,为什么是我,我也单身了"等话语。此时,心理咨询师积极接纳当事人的情绪,理解他现在的痛苦和感受,扶着他的肩膀,让他将心中的不快倾诉出来。

2. 保证当事人安全

考虑到天气较冷,当事人饮酒较多,尚未清醒。心理咨询师让同学先扶小马上楼休息,并叮嘱舍友锁好门窗,晚上轮流陪他,务必保证全时段监护,避免让其独处。

3. 明确核心问题

随后,心理咨询师在楼下向小马的舍友简单了解了情况:小马一个人在宿舍喝了不少酒,前一天就开始不太正常了,皆与女朋友闹分手有关。

4. 向上级及相关部门汇报,商定干预措施

心理咨询师立即联系学校总值班室,汇报了相关情况,并及时告知学院副书记和辅导员。次日上午,学院副书记、辅导员及心理咨询中心主任一起商定了干预措施,安排学生对小马进行全天候监护,并联系小马的家长,通告小马的状况,询问小马的成长背景、日常表现及家族病史等,建议家长先

接纳小马的情绪，多给小马一些鼓励，使他尽快从负性情绪中走出来。心理咨询师向小马表达他对他父母的重要性，同时建议家长来校陪小马前往相关的专业机构进行诊断和治疗，并告知相关地址及联系方式。小马父亲立即应允，表示安顿好单位事宜后立即启程，隔天傍晚抵达学校。

5. 心理危机的评估及干预

第一次心理咨询。小马在班长和团支书的陪同下来到心理咨询室。因对来访者状况不甚了解，且其情绪尚不稳定，故第一次心理咨询主要为接纳情绪，提供情感支持，明确核心问题。

来访者主诉：女朋友是高中同学，考入同一所大学，入学后确定恋爱关系，彼此比较了解，相互照顾较多。自己是在为她而学习，为她而奋斗，希望以后挣钱，让她过好日子，但现在分手了，自己再怎么努力都没有意义了，自己过很清苦的日子也无所谓。自己现在对什么都不关心了，会由着性子来，想唱歌就唱歌，想做什么就做什么。对于昨晚的"失态"也绝不后悔，无论学校给什么处分，是否放到档案中，是否影响毕业都不在意。即使学校让他退学也无所谓，自己以后考试挂科，不能毕业也无所谓。

谈及有无恋爱经历，小马表示，自己在初中时和一个女孩子在一起，后来分开了，自己感到很难过，并多次有报复的念头，但没有采取过具体的报复措施，亦无任何行动。

问及以前是否有过自杀意念或行为，小马表示，在高一时，因表现不佳受到体育老师的责骂，考虑到家长也在那所学校任教，感觉丢了父母的人，很对不起他们，遂一个人跑到小河边。当时有自杀的意念，但胆子较小（从小就是这样），没有采取行动的勇气。后来被父母找到并带回家。这一事件对来访者影响较大，在后来与其父亲的交流中亦被提及。

为引导小马能够关注自身的一些积极方面，心理咨询师尝试让其发觉自身的优点。但小马觉得自己一无是处，高考成绩能上一本线，能进现在的学校，皆源于好运气。感觉自己较内向，自认没有什么优点，也不可能变得阳光、开朗、上进，对自己的认同度较低。以前也读过很多心理学相关书籍，尝试过一些方法，但不能坚持，而且也不想坚持，所以没什么效果。

谈及心理支持系统，小马表示父母非常爱他，对他很好，但有时会对父母发脾气。事发当晚，醉后，小马在电话中对母亲大吼。之前与父母有过争执，不顺心时也会如此，有时也离家出走。

小马很相信"命"，下辈子也不会知道这辈子做了什么，对什么东西都不在乎了。有自杀念头时也不会寻求相关的支持资源，也不需要别人的帮助。朋友和他人的关心都是虚伪的，自己不需要别人的关心。也不想去改变，不需要别人的关注，"即使把我关在一间屋子里，只要还有一面墙，也可以结束生命"。有时候很希望能够失忆，或许失忆能让自己快乐一点。把什么都忘记，最好连自己的名字都记不起来。

第一次心理咨询后，辅导员电话反映，辅导员将小马父亲即将到校的消息，通过手机短信发给了监护小马的同学，恰好被小马看到。随后，小马跑出宿舍。辅导员立即跟班级同学前去寻找，后来在学校的某个角落找到小马。

第二次心理咨询。找到小马以后，小马在班级一个男生的陪伴下，主动前来咨询。小马表示自己要与女友和好，父亲也将来校，他心里很乱，想要咨询有无方法可以缓解一下。来访者有了求助的动机，这是个很大的转变。咨询中，来访者眼睛里充满了期待，心理咨询师觉得，此时给予其力量或许会对其有所帮助，便向小马解释了遇到困扰时常用的"情绪应对"和"问题应对"方法，使其认识到成长的代价和挫折的必要性。讲到此，小马露出了难得的笑容，对自己有了一些信心。

心理咨询师进而尝试让小马接纳父母、朋友和他人的关怀，理解身边资源对自己的重要性，不再感受到那么强烈的"愧疚"和"压力"，这对他非常重要。以后再遇到危机情境时，小马可以寻求支持和帮助，摆脱危机。

小马询问自己是否有"心理疾病"，心理咨询师用"感冒"的比喻进行解释。每个人在感冒时症状会有差异，对感冒的感受也不尽相同。心理疾病也是如此，我们要正常地看待它。在出现危机事件，情绪低潮时，要学会主动寻求帮助，对自己有信心。小马点头表示认同，再次露出笑容。

在第二次心理咨询中，来访者求助意愿明显，咨访关系建立较好，共同议定咨询目标：摆脱负性情绪，恢复正常学习生活；学会理性地看待问题和挫折；重塑个人支持系统。

由于心情较差，小马中午只简单吃了一点食物，心理咨询师与其商议，下午正常吃饭，以保证身体所需能量，过两天与父亲和女友好好谈谈。心理咨询师还表达了对他处理此事能力的信心。小马诚恳地点头应允，并预约了下周的心理咨询。

第三次心理咨询。小马的父亲来校期间，恰逢清明假期。通过与小马交流，小马的父亲给小马较多情感支持，并带小马前往专业机构进行诊断和治疗，服用了少量的抗抑郁药物，对小马尽快摆脱负性情绪有较明显作用。

第三次心理咨询的时间为清明假期之后，小马的情绪状况有了明显的改善，在心理咨询过程中，出现笑容的次数增多了。自述这几天和父亲聊得不错，父亲也比较开明，给了他较多支持。与女朋友的关系尚不确定，不清楚对方想往哪方面发展，是继续交往还是做普通朋友。来访者还是希望能继续交往，但对以后两人的前景不太确定，总感觉自己对这件事操之过急，不知道该怎么处理这种心态。对于分手的原因，来访者分析，虽然女朋友也有问题，但相对较少，主要还是自己的问题，有些事情自己做得确实不对。通过这件事情，感觉自己成长不少。对于分手，现在感觉已经能够承受，以后再遇到类似问题，也相信自己能够承受，并自信自己能够改变，会尝试和女朋友在慢慢磨合中体会两人是否合适。

在第三次心理咨询过程中，咨询的重点由主要关注小马的情绪，转向探讨小马看待问题的方式，引导小马学会全面地看待问题，改变不合理的认知方式，摆脱遇事武断、盲目、冲动的行为方式，保持平和的心态。

随后，小马又进行了两次心理咨询，主要探讨小马在学习生活中遇到的一些问题，及时调节小马情绪上的困扰，引导小马正确看待问题及挫折，保持理性的信念，并注重对自己情商的培养。

**干预结果**

心理咨询结束后，小马的状况得到了较大改善，遇事能够保持理性，能够正常处理学习和生活中遇到的问题，生活态度较为积极，与同学关系也比以前融洽。在半年后的随访中，小马表示，自己的状态比事前要好，与女朋友的关系也比较稳定，成绩进步较大，在学校某部门勤工俭学，生活过得比较充实。随后进行学生心理危机排摸时，辅导员反映，小马状态稳定，前段时间全力准备某资格认证考试，状态不错。同时，小马还积极准备研究生入学考试，准备继续升学深造。

**经验分享**

本次自杀危机的干预过程，我们感到有以下几点经验值得总结。

1. *顺势而为，不可操之过急*

自杀干预应在保证当事人安全的前提下，给其提供缓冲的时间，通过支持性行为助其摆脱负性情绪，在其出现求助动机时，给予心理咨询及建议。

2. *分清主次，重疏导，轻干涉*

自杀干预切忌以简单粗暴的形式进行责罚或处罚，即使当事人的行为给学校带来了某些影响，亦应考虑在疏导及心理干预后，在来访者危机解除后再行解决。

3. *应取得学院和家长的配合*

应取得学院和家长的配合，使学院和家长切实起到监护及支持性的作用。

4. *应关注自杀危机干预的效果*

注意对危机个案进行事后随访，关注危机干预的效果，及时总结经验并对后续问题提供指导。

**案例点评**

大学生恋爱受挫是导致危机事件发生的一个常见原因。大学阶段是学生从学校向社会的过渡时期，有些大学生，尤其是低年级大学生，在面对突发事件时，易出现情绪失控和行为失当，从而产生伤害自我或危害他人的恶性事件。此外，对于在外求学的大学生来说，缺乏寻求支持的条件。一方面尚未建立起除父母之外的有效支持资源；另一方面，由于已经离家，也常存在羞于向父母寻求支持的心态。

在危机事件发生后，学校应迅速启动危机干预方案，协调学校、医院、家庭等相关资源，发挥教育引导、心理咨询、医学治疗和家长陪护在危机干预中的重要作用。在干预过程及就医阶段，应充分发挥"家校联动"的积极作用，形成学校和家长各司其职，协调配合的局面。针对家长不配合或不重视的情形，学校应耐心向其解释问题的重要性，或者通过行政措施，让其负起家长的监护责任，避免无意识或疏忽酿成悲剧。

本案例中，学校在危机事件发生时及时介入、干预，得益于学校长期坚持的一套心理应急制度：认真选拔和系统培养学生心理协会和心理委员这支学生队伍，使其成员具有识别危机的敏感性和警觉性，并通过顺畅的汇报机制，及时向相关负责人汇报，寻求专业的支持。在随后的危机干预过程，学校调动各方面资源，加之家长的积极配合，使得这一危机事件顺利解决。此外，针对危机事件的学生，学院尤其是辅导员应在学习、生活和心理建设方面给予充分的关心和支持，帮助其渡过难关，逐步走入正常的生活轨道。

## 10　心理危机，重在预防
——一例由失恋引发精神分裂症的干预报告

张越（化名），女，大专生，工科，在上海某民办高校就读，专业学习难度较大。张越的母亲在张越12岁时去世（去世的原因不详，辅导员多次问起，当事人不愿意透露）。张越的父亲是一位农民，很内向，喜欢打麻将，会将辛苦挣来的钱输掉。母亲去世后，父亲再婚。进入大学后，张越就不在家中居住和生活，平时和暑假住在学校，寒假正好在春节期间，张越就在舅舅、阿姨、叔叔和姑姑家轮流居住，直至新学期开始。父亲每月给张越生活费。

刚进入大学，张越身材胖瘦适中，长相俊秀，很受老师和同学的喜爱。她要求进步，向党组织递交了入党申请书，并积极参加各种社会活动，应聘进入系学生会学习部担任干事，与学习部的其他同学负责检查整个系早晚自习的情况，工作认真负责。第一学年结束，因为张越工作认真，被老师和同学推选为学校优秀学生干部。然而，因为张越有不及格的科目，评优和继续担任系学生会干事的资格被取消了。

**危机发生**

大学二年级，张越没有担任学生会工作，但人际关系和谐，也没有异常行为。但不知道从什么时候开始，张越的身材发生了变化，变得比以前胖了，也失去了往日的匀称。大学三年级开始，张越的表情、行为越来越古怪，辅导员感觉张越可能遭遇了什么困扰，多次找张越谈心，但张越总是很善解人意地说没有什么事情，谢谢老师关心之类的话，让谈话无法深入。辅导员多次建议张越去学校心理健康教育与咨询中心咨询一下，都被她婉言谢绝了。

让辅导员感觉问题有点严重的是，大学三年级第一学期快结束的时候，大约12月中下旬，辅导员组织全班同学去劳动局实训，然后参加劳动局组织的技师考试。班车已经到了，约定的时间也到了，除了张越，其他同学都到了。辅导员给张越打电话，但她总是支支吾吾，答应很快就到，却不见人影。等待了二十多分钟，最后张越还是缺席了。晚自习后，辅导员找张越谈话，她依然微笑着对自己没有参加实训，耽误同学时间表示歉意，言语和表情应对得体。辅导员再次建议张越去学校心理健康教育与咨询中心咨询一下，她再次婉言谢绝了。

没过几天，危机就发生了。危机发生在张越大学三年级上学期12月30日晚大约十点钟。辅导员已经回到家中，准备第二天回老家看望家人，突然接到宿舍管理阿姨的电话，说张越"疯掉了"。辅导员立即赶往学校，同时向学校学生处副处长、心理健康教育与咨询中心主任汇报情况。心理健康教育与咨询中心主任指导辅导员进行危机干预。一小时后，心理健康教育与咨询中心主任开车从家中赶到学校，进行危机干预。

当时的情况是这样的：在女生宿舍区，张越疯狂奔跑着，宿舍管理阿姨、学校保安和学校办公室值班人员劝说都没有效果。最后，学校保安用力把张越抱住，带到宿舍管理办公室。然而，保安一松手，张越就冷不丁地打了他几个耳光。宿舍管理阿姨见状试图安慰她，也被打了。然后，张越跳上宿舍管理办公室的办公桌，试图从窗户"逃"走，被保安、宿舍管理阿姨等人抱住。这时的张越，完全失去自知能力，行为失控，不知道自己在做什么。

心理健康教育与咨询中心主任立即与医务室联系，辅导员立即去医务室取了一片安定让张越服下。在安定的作用下，张越渐渐安静下来，在宿舍管理阿姨的床上睡着了。同时，辅导员尝试与张越的家人取得联系。然而，张越父亲的联系电话（座机）一直打不通，手机也一直关机。无奈之下，辅导员和宿舍管理阿姨来到张越的宿舍，找到张越的手机，在手机通讯录里找到了张越姨夫的电话。幸运的是，电话打通了。张越的姨夫是出租车司机，他答应立即联系她的家人来学校。

早上六点钟，张越的姨夫、阿姨开车来到学校，了解了基本情况后，在辅导员的陪同下，把张越送到精神卫生中心接受诊断和治疗。专家在问诊和多方（张越本人、张越的家人和辅导员）了解后作出精神分裂症的诊断。

在等待专家诊断的过程中，张越的父亲、舅舅、舅母、叔叔和婶婶等陆续赶到医院。其间，张越见到其中某些人，会突发躁狂症状：目露凶光、情绪激动，肢体动作幅度加大等。张越的父亲从头到尾没有说过一句话。所有的主意、想法和今后的生活安排，都是亲戚们七嘴八舌商量出来的。当具体到张越在哪儿住的事情上，大家争执起来，都不愿意张越住在自己的家里。最后，一致决定，在市区租一处房子，让张越治疗、休养。

**干预过程**

这件危机事件由学校出面，由心理健康教育与咨询中心、系领导、辅导员等组成危机干预小组负责处理。

首先，由辅导员与张越的同班同学进行沟通，了解张越平时生活和学习的详细情况，找到诱发因素。通过了解，辅导员得知：其一，张越从大学二年级下学期开始，吃一种减肥药，似乎这种减肥药的副作用蛮大的；其二，张越与男朋友分手了，张越很伤心，经常失眠，而张越在突发精神分裂症的前几天一直失眠。张越减肥似乎也与恋爱有关。有个女同学与张越的关系比较好，觉得她很可怜，平时无处可去，于是经常邀请她去家里玩，但张越似乎不懂社会生活礼节。这个女同学也不清楚张越近来具体发生了什么事情，只知道张越最近的状况与她失恋是有关系的。

其次，学校老师带着慰问品去看望张越。张越的家人不愿意学校老师去张越居住的地方看，最后选定的看望地点在人民广场附近的一家餐厅。经过几天的药物治疗,张越的认知和行为能力基本恢复正常,情绪稳定,而且向辅导员表达歉意。当学校老师把慰问品送给她的时候,她的眼睛放出光芒,开心得像个孩子。因为张越的家人很介意学校老师来看望她,所以看望的时间不长。老师表达对张越的关心,并跟张越的家人约定,具体事宜由张越的家人到学校来一起商量。

张越的家人对学校老师的关心和及时、得当的处理没有任何意见,并表达了深深的感谢。但是,对于张越的学业,张越的家人很担心,希望张越能如期毕业,拿到毕业证书,并强烈要求学校做好保密措施。关于张越的学业,系领导专门开会讨论,并通过专业课老师了解情况。由于危机发生在大三上学期,临近期末,因此期末考试只能缓考,等张越的病情稳定了,由任课教师为她辅导,并在下学期参加缓考考试。刚开始,张越的家人不愿意接受这个方案,他们希望特殊情况特殊处理,直接免试通过,不要让她参加考试,以免刺激她,导致病情复发。在做了大量耐心、细致的工作之后,张越的家人接受了缓考的方案。

**干预结果**

由于张越的精神分裂症是初发,而且张越很年轻,治疗也很及时,所以张越的病情很快得到控制并慢慢恢复。春节过后,毕业实习和毕业设计需要学生一个月返校一次,张越能如期返校,也能与同学正常交流。当然,她的毕业设计和毕业论文得到毕业指导老师耐心、细致的指导。毕业实习也是在张越的表姐手下做事。由于有一门功课补考没有通过,张越没能如其他同学一样,按期拿到毕业证书。但是,在毕业后组织的补考中,张越顺利通过补考,最终拿到了梦寐以求的毕业证书。

**经验分享**

这例危机干预有以下三点经验可以分享。

1. 多方合力，行动迅速

各方面对危机干预的理解很到位，在危机发生时，及时处理，行动迅速，第一时间进行危机干预。如果没有及时干预，没有及时处理张越发病的情况，而是让张越离开校园，那么后果不堪设想。

2. 持续关心，心中有数

学院老师，尤其是辅导员，持续关心学生。在危机发生之前，曾多次找张越谈心，建议张越去学校心理健康教育与咨询中心寻求专业的帮助。虽然每次张越都婉言谢绝了寻求专业帮助的建议，但正是因为辅导员对学生的情况有基本的了解，才能对后续突发情况做到心中有数，能够冷静处置。当然，辅导员与心理健康教育与咨询中心的工作沟通还需要加强。在关心学生的过程中，除了建议学生寻求专业心理咨询的帮助外，也可以由心理健康教育与咨询中心的老师主动对学生进行干预。

3. 审慎周全，方法得当

当张越突发精神分裂症处于躁狂状态时，心理健康教育与咨询中心主任联系校医务室，让患者服用一片安定，使失眠数日的张越能够安静休息，不仅缓解了张越的症状，控制了当时混乱的局面，也为校方与张越的家人取得联系争取了时间。按照危机干预处理的原则，当学生有伤害自己和伤害他人的可能性时，校方可以直接把学生送到精神卫生中心接受诊断和治疗，但效果不如由学生的家人到场了解学生状况后，由学生的家人亲自送精神卫生中心接受诊断和治疗好。后面的情况，也证实了这种判断。因为张越的家人非常介意到精神卫生中心接受治疗，请假的时候不愿意用精神卫生中心开的病假单，而是重新开了一张腰伤的病假单。如果当时学校根据干预处理的原则，直接把张越送到精神卫生中心接受诊断和治疗，虽然这个行为有据可依，但是张越的家人可能很难接受这样的做法，后续的处理可能就没有那么顺利了。

**案例点评**

首先，虽然这例由失恋引发精神分裂症的心理危机干预进行得非常顺利，但还是有一些地方可以做得更好，因为心理危机干预的重点在于预防。比如，在事情发生之前，张越如果能够到心理健康教育与咨询中心接受心理咨询，经过心理咨询师的专业疏导，可能会更好。辅导员已经发现张越的行为表现不正常，也多次建议她去心理健康教育与咨询中心接受心理咨询，只是她本人拒绝。如果辅导员具备更多的心理学和心理咨询的知识和技能，有更高的敏感度，在事情发生之前，能联系张越的父亲，了解张越的成长经历，帮助张越处理成长过程的创伤，有可能可以预防事件的发生。张越母亲去世对张越的成长有哪些影响？由于张越的家人不配合（关于张越母亲去世的原因及具体情况，张越的辅导员在不同场合，用不同方式询问过，但其家人都讳莫如深，不愿意回答）而无从知晓，也无法帮助张越进行处理。高校辅导员接受心理学和心理咨询等专业的培训，是非常重要的。这些专业的培训可以提高辅导员对学生心理问题的敏感度，更有利于辅导员处理学生的心理问题，处理的效果也会更好。所以说，心理危机干预的重点在于预防。

其次，对于心理危机干预来说，排查非常重要。这例心理危机干预案例发生前，学校心理危机事件发生的比例非常低，没有将心理危机干预排查制度化。现在，学校已经将心理危机干预排查制度化了。这例心理危机案例放在今日，经过一年数次的排查，是比较容易排查出来的，因为辅导员已经观察到张越的一些异常行为，也多次建议她去心理健康教育与咨询中心接受心理咨询，只是她本人拒绝而导致其心理状态迁延加剧，最终躁狂发作。心理危机干预排查之后，对排查出的需要干预的学生进行约谈。经过约谈，就能更了解需要干预的学生的情况，也就能进行更有效的干预了。

## 11 罂粟之恋
——一例由跨国恋爱挫折引发精神分裂症的干预报告

小宋（化名），女，大三本科生，新闻专业，父母做小生意。大三上学期，作为交流学生，小宋前往美国某大学的新闻专业学习，与中东某国交流学生同一班，关系亲密，多次参加中东学生聚会。大三下学期末，小宋回国。回国后小宋的精神面貌有了很大变化，后来被确诊为精神分裂症。

**危机发生**

小宋从美国回国，转机时称护照丢失，滞留在美国一周。通过和领队老师沟通，学校老师了解到，小宋在美国游学期间，和某国交流学生谈恋爱，三个月左右分手。分手时小宋极其痛苦，多次表达不想离开男友，不想离开美国。领队怀疑小宋护照丢失是她故意为之。为了确保小宋人身安全，学校老师陪小宋补办了护照，并专门护送她回国。

返校读书后，学校老师和小宋深入谈话。谈话过程中，辅导员发现，小宋特别认同西方的文化和价值观，开始对周围事物有否定和消极的思考，性格也没有之前活泼开朗了。学校老师及时联系了小宋的母亲，请她来学校陪小宋。小宋母亲坚称女儿没有什么问题。然而，实际上，学校老师发现，小宋很抵触母亲，谈到母亲时，情绪化的言论也较多。

学校老师对小宋进行了为期两周的密切观察，发现她对周围的人或事特别敏感，内心充满了怀疑、害怕和抗拒。最极端的是，小宋对自己的导师、同学提出根本不符合事实的指控，有妄想、幻觉等症状。

**危机干预**

第一,及时评估小宋的心理健康状况。学校老师请心理咨询中心的老师,对小宋的一系列"反常"行为进行评估,并进行干预。

第二,取得小宋母亲的理解和支持。在和小宋母亲沟通小宋的心理问题时,小宋母亲极力反感和否认有关问题。经过大量、细致的工作,小宋母亲的认识发生了转变,开始意识到应该面对小宋的心理问题,这对小宋以后的人生很重要。

第三,营造安全的环境,积极配合治疗。通过学校"医教结合"的机制,小宋得到了专业医疗机构的及时干预。同时,学校认真做好相关工作,最大限度地为小宋营造一个安全、和谐的环境。由于小宋缺乏基本的安全感,因此把她与和她关系最亲密的同学安排在一个寝室,请该同学关注小宋的情绪状态。

**干预结果**

经过一段时间的治疗,小宋的精神分裂症得到控制,情绪日益稳定,最终完成学业,得以毕业。

**经验分享**

情感问题容易导致心理问题。该案例的特殊之处是,发生在境外,不能及时掌握前期的情况,等到出现异常情况时,问题已经比较严重。在学校相关部门人员的协调和帮助下,小宋最终顺利回国,确诊后也得到了专业的治疗,为后面的恢复打下了良好的基础。

该危机干预有以下三点经验可以分享。

1. 遵循安全至上原则

小宋滞留美国期间,学校老师及时了解情况,不纠缠问题的具体细节,制订紧急预案,陪小宋补办护照,专门送她回国,遵循了安全至上的原则。

2. 积极提供情感支持

小宋回国后,学校老师启动心理关怀方案,请心理咨询中心的老师对小宋进行专业评估,密切关注小宋的情绪状态,关心、陪护、了解小宋的心理状况,引导她倾诉心事,疏导情绪。

3. 启动跨部门合作

小宋回国后,在精神卫生中心接受专业的治疗。此外,在实习、毕业和就业等方面,学校各部门也合力为小宋提供帮助,营造安全和谐的氛围,积极配合小宋的治疗。

**案例点评**

小宋的案例非常有价值。近年来,大学生海外游学、交流学习的机会越来越多,海外交流学习的大学生的数量越来越大,但是跨文化学习对大学生心理状态的影响,还没有引起足够的重视。随着海外游学、交流学习的大学生的数量不断增多,对这些大学生心理健康的关注也需跟上。对于这类大学生,在国外交流学习期间,至少面临三方面的挑战:时空鸿沟、习惯鸿沟和文化鸿沟。对于价值观尚未成型的大学生来说,这三方面的挑战带来的冲击很容易给心理健康带来负面的影响。而对于学校老师而言,这些大学生不在自己的视线之内,很难及时发现问题的苗头,就像小宋一样,等到发现问题时已经晚了。

因此,在学生交流学习出发之前,学校应当对大学生的心理健康状况进行评估,开展有针对性的心理健康教育以及跨文化适应方面的教育,和家长积极沟通。在学生交流学习期间,学校老师和家长应当给予充分的关心和理解。交流学习的学生团队,要安排特定的老师或学生负责关心学生的心理状态,及时对学生的心理健康情况进行评估,防患于未然。

## 12　当爱已成往事

——一例由大学生情感挫折引发自杀危机的干预报告

小叶（化名），女，某重点大学理工科本科生，学习成绩在班级处于中上水平。小叶父亲为公职人员，文化程度大学，母亲是机关工作人员，文化程度大专。据小叶父亲反映，家族中无器质性疾病史及精神病史。小叶高中时，在当地医院被诊断为抑郁症，一直接受药物治疗。从小学到高中，小叶学习成绩较好。小叶平时性格较开朗，做事认真，自尊心强。根据同学和辅导员反映，小叶平时和同学相处融洽，性格活泼，多才多艺，要强，直率，认真，担任班干部，积极上进，做事追求完美。

**危机发生**

小叶和她的男朋友都是学校某社团的成员，认识后开始谈恋爱，中间分分合合很多次。最近一段时间，小叶的男朋友以性格不合为由，再次提出分手。小叶不愿分手，心情灰暗。假期回到家中，情绪不稳定，与家人哭闹，非要与男朋友见面，最终家人同意陪小叶一起到学校见她的男朋友。小叶约男朋友见面，男朋友不同意，小叶非常生气，十分痛苦，随即跑到楼顶，欲跳楼自杀。

就在这时，某学院一位班级心理委员发现小叶站在楼顶，头低垂着，表情悲伤，情况十分危急，便第一时间打电话给学校保卫处。保卫处老师迅速赶到现场，心理咨询中心的老师也立即赶到。随后，在大家的协助下，保卫处老师将小叶抱下楼，带到了安全的地方。在这个过程中，小叶的情绪较为激动。

**危机干预**

首先，保证安全。当天下午，在保卫处老师的协助下，小叶被带离现场，以保证安全。把当事人带离现场，可以将当事人对自己和他人的生理和心理伤害降至最低。

其次，安抚情绪。救援过程中，小叶的情绪非常激动。小叶的父亲及时赶到。心理咨询师在了解基本情况后，立即安抚小叶，稳定其情绪。同时，心理咨询师也进一步与当事人沟通，无条件接纳当事人。在心理咨询师的安抚下，大约半小时后，小叶的情绪逐渐平稳。随后，心理咨询师在辅导员及其他老师的协助下，将小叶与其父亲带到学校教师公寓较安全的地方，继续深入、细致地咨询，进一步评估当事人的自杀风险。

再次，调整认知。第二天上午，心理咨询师再次对当事人进行了心理疏导，通过共感、尊重，与当事人建立良好的咨访关系。帮助当事人了解更多解决问题的方式和途径，使用建设性思维，积极应对，帮助其走出困境。心理咨询师进一步调整小叶的认知，使其认识到失恋是一种正常的情感逆境。此时的小叶，虽然不怎么开口说话，但情绪已大为好转。

最后，建立心理支持系统。心理咨询师与小叶的家人、学院主管学生工作的老师、辅导员等一起，就小叶目前的情况进行沟通，制订行动计划，形成合力，共同帮助小叶渡过难关。

**干预结果**

经过校、院学生工作部门老师、辅导员、心理咨询师等共同努力，小叶的情绪逐渐稳定。经心理咨询师评估，小叶处于抑郁状态，建议立即转介到精神卫生中心接受诊断和治疗。随后，小叶的家人帮助她办理了休学手续。在休学期间，小叶在家乡医院定期接受专业的心理咨询和药物治疗。通过小叶的家人，辅导员了解到，小叶已逐渐接受分手的现实，从失恋的阴影中走了出来，目前情绪稳定、开朗乐观、精力充沛。

**经验分享**

该危机干预有以下五点经验可以分享。

1. 积极宣传心理健康知识，发挥朋辈知情报告的作用

因为某学院一位班级心理委员及时发现和报告，才避免了一场危机。大学生心理问题，真正做到早发现、早干预、早治疗非常重要。而大学生心理问题往往具有较高的敏感性和隐私性，第一时间发现大学生心理问题苗头的往往是舍友和交往密切的密友，以及每天相处的同学等。设立班级心理委员，一旦有学生出现心理问题的苗头，就能够及时报告心理咨询中心的老师和辅导员，使他们能够及时了解情况，为主动介入提供了良好基础。这次心理危机事件的成功化解，很大程度上得益于班级心理委员的及时报告，使学校能及时掌握情况，取得介入危机的主动权。因此，积极宣传心理健康知识，充分发挥朋辈知情报告的优势作用，在大学生中间建立起第一道心理防护网，是防范大学生心理危机的关键。

2. 有效干预需要学校咨询中心、学院和家长的共同配合

学校非常重视与学生家长的联系，所有新生入校时都要建立相应的心理档案和家庭档案。学校也注重平时与学生家长保持联络，一旦危机发生，学校就能及时联系家长，与家长积极沟通处理，取得较好的干预效果。最终危机的化解还是依靠学校心理咨询中心、学院以及家长的共同配合，才使得事情朝着良好的方向发展。当事人的家长很感谢学校心理咨询中心老师、学院领导和辅导员高度负责的精神，并深深感谢了在场的所有老师。

3. 及时报告和长效应对危机的工作机制，对危机干预有重要保障作用

维护大学生心理健康是一个系统工程，平时必须加强心理健康教育，增加预防意识。一旦出现危机性事件，必须快速启动应对危机的工作机制。而快速、灵活的应对机制的基础，是要有一套及时报告、职责明确、协调联动的

长效管理体制。学校非常重视及时报告和长效应对危机的工作机制的建设，成立了大学生心理健康教育工作领导小组，由分管党委的副书记负责，由学生工作部、保卫处、校医院等多个部门组成。在处理这次大学生心理危机事件时，学校立即启动了应对危机的工作机制，相关人员快速到达出事地点，对当事人实施安全监护，并给予耐心、细致的心理疏导，同时联系学生家长，请学生家长协助处理，为危机事件的及时化解赢得了时机。

4. 危机跟踪和总结机制，对危机的真正处理具有重要的意义

首先是建立危机学生的跟踪机制。由于心理危机往往具有反复发作的特点，发生过心理危机的学生今后还有可能再次出现危机，因此要建立危机跟踪机制，及时了解高危学生的心理健康状况，增强危机干预的主动性。其次是及时总结和转化危机。危机事件过去之后，心理咨询师应及时总结危机事件，包括危机发生的原因、可以改进的方面、危机责任和重塑当事人信心等，这样既可以为今后工作积累全面的工作经验，也有助于提高心理咨询师应对危机的能力，使高校学生危机管理工作日益成熟，从而更好地为学生服务。

5. 加强关怀，保护遭遇心理危机的学生

对于遭遇心理危机的学生，需要有足够的保护措施，保护他们的心理，重塑他们的信心。保护措施似乎是无形的，但却能给人以安全和被支持的感觉。在学校环境中，思想政治工作者用心管理遭遇心理危机的学生，有足够的耐心，从倾听、尊重、关怀、鼓励、真诚帮助遭遇心理危机的学生，到积极为遭遇心理危机的学生创造愉快的人际交往环境和充满关爱的集体等，都是对遭遇心理危机的学生的保护措施。

**案例点评**

本案例是一例由大学生情感挫折引发自杀危机的个案。情绪是人类与生俱来的本能，是一种复杂的生理反应及心理感觉。行为的发生总是伴随某种情绪，情绪必然对行为产生某种影响，有时甚至会改变行为的性质。积极的、

良好的情绪会使人的行为朝着好的方向发展,而消极的、不良的情绪则会使人的行为发生扭曲,甚至导致严重后果。因此,我们必须重视情绪因素对大学生心理危机的影响,并从心理学的角度深入研究,找出正确的预防方法。

　　本案例中,女生因男方提出分手并拒绝见面而情绪激烈,感情受挫,导致危机行为。在这种情况下,首先,保证当事人的安全,把当事人对自己和他人的生理和心理伤害降到最小。其次,帮助当事人宣泄情绪,抚慰当事人,稳定其情绪。再次,帮助当事人调整认知,帮助当事人了解更多解决问题的方法和途径,选择积极的应对方式,帮助其走出困境。最后,帮助当事人建立社会支持系统。社会支持系统与个体的心理健康有紧密的联系,良好的社会支持系统可以帮助个体缓解不良情绪,提高个体身心健康水平。本案例中,心理咨询师、学院辅导员和学生家长等形成合力,给予当事学生心理支持,共同帮助其渡过难关。

## 13 爱已殇,恨入骨
——一例由恋爱中的暴力伤害事件引发心理危机的干预报告

小诚(化名),女,21岁,大四本科生,正为考研而努力学习。小诚父母离异,父亲身体有一些残障。离婚是母亲主动提出的,原因是嫌弃父亲没有能力,贫穷。离婚后,母亲一直在寻找女儿,但父女俩一直躲避,父亲不让母亲见到女儿,想以此惩罚"狠心的"母亲,"让她受尽折磨与煎熬"。父女俩都认为是被母亲抛弃了。小诚恨母亲,父母离婚后,小诚再也没见过母亲。

大一时,小诚在学生会认识一个和自己同年级的男生,相识共事一段时间后确立了恋爱关系。半年前,小诚觉得男生没有理想,没有能力,加上自己一心要准备考研,就提出了分手。但是,男生不同意,对小诚纠缠不休,时常还对小诚拳脚相加。小诚一直隐忍着,因为她觉得自己确实亏欠了他。

**危机发生**

10月14日凌晨一点左右,小诚男友又跑到小诚的寝室门口,不停地敲门。小诚怕隔壁同学知道,就开了门,他一进门就又对小诚拳打脚踢,打得比以前更重、更狠,直到凌晨四点钟才罢手离开。之后,小诚愤怒,屈辱,没有食欲,睡眠不佳,一走进寝室就腿软,全身哆嗦,难以集中注意力,无法学习,出现易激惹等应激反应性症状。

三天之后,在学校保卫处老师的带领下,小诚到心理咨询中心寻求帮助。咨询中心的心理咨询师接待了她。心理咨询师发现,小诚是一个娇小的女生,白皙的脸上没有一点血色,戴着眼镜,一开口就流泪,并要求把门关上。

小诚哭诉:"我实在受不了了,他一直来骚扰我,我要准备考研,本来压力就大,现在我真的吃不消了,我快要崩溃了……我真是搞不懂了,说了那么多遍,他还是问,他为什么不自己思考一下。到后来,我就不再说了。他到我寝室来,影响我的休息。有一次都夜里一两点了,我说,'我实在受不了了,我要睡了',就躺到床上休息。他还是不让我睡,掀开我的被子,用手打我的脸,还揪我的头发。事情过后,我会悄悄落泪,我不想让别人知道,实在忍不住,就跟同寝室的室友讲了,然后我就抱着她哭。我只将我的痛苦讲给她一个人听了。她又能帮我什么呢?因为我们是大四,她不常在寝室里,也只能听听。我也不想报告老师,怕处分他后,他会报复我,我更没法学习。这一次,他更贱,他用一只手将我的脖子卡住,另一只手使劲抽我的耳光,打得我眼冒金星。我说我肚子痛,不舒服,他更兴奋,用脚踢我的肚子,边打边骂,说女人要打才听话……这何时是个头啊?我怎么办呀?!这世上怎么有这样的人呢?他怎么能这样对我呢?!"

经了解,事情是这样的:大一期间,小诚在学生会认识了一个同年级的男生,不是一个班级的。小诚是学生会某部副部长,他是她的干事。因为在学生会一起工作,慢慢就熟悉了。由于经常接触,小诚觉得他人挺好,工作有热情,而且很纯真,虽然家在外地,但家境不错。于是,两人确立了恋爱关系,感觉很美好。随着了解加深,小诚发现他身上有很多她不能接受的东西,人也很不成熟,没有理想,没有目标,对自己的要求也不高,一遇到什么事情就找小诚,比如考试不及格,划复习重点,交作业,等等。什么事情都要小诚去帮他,懒惰成性,不爱学习,总是上网打游戏。对于他的这些表现,小诚也曾经劝过他,但没有看到他有什么改变。小诚觉得,跟他在一起很累,就决定分手。一年前就说分手了,但没有用,他不同意。当年六月末,她坚决要分手,他就打了她。此后,他仍旧会来找她,每次都提出相同的问题:"为什么要分手?"每隔一个多月,他就会在深更半夜闯到她寝室,责问、暴打她。每次小诚觉得是自己抛弃了他,是自己不好,是自己的错,他打她,就算让他出气了,他的心理平衡了,也就了结了,下次就不会这样了。每次小诚都默默忍受,不想让别人知道,也没跟家人说过。因为她自己要保留尊严,也想为他保全面子。

但这一次(即10月14日)不一样了,他又来骚扰小诚,打她。小诚无法忍受了。一方面,小诚很害怕、无助、愤怒,回想他的眼神和样子,有时候她会突然感觉脚软、心慌;另一方面,小诚不能像以前那样,两三天后就内心平复,可以专注看书了。此外,小诚心理极度不平衡。她觉得欠他的情(后来了解,她用了他不少钱),他打她那么多次也算还清,不再欠他了,但现在看来不是这样,事情没有按照她的想法发展,她掌控不了他,也掌控不住自己的情绪和注意力。小诚一会儿想找人狠狠打他一顿,为自己报仇,但又担心他报复,自己没法学习,一会儿又想,算了,只要自己能进入学习状态,考上研究生,这件事就算了。但小诚现在怎么都不能平静下来学习,觉得自己很怪,不正常了。最后,小诚实在憋不住了,就打电话到家里,但是她不敢跟爸爸说,就把奶奶叫来听电话。因为小诚的奶奶年迈,耳朵也不好,最后还是爸爸接了。爸爸听到小诚的诉说后,很着急,也很愤怒。小诚的爸爸又通知了小诚前男友的爸爸,双方谈判,但对方家长的答复很无耻,完全站在小诚前男友一边,根本不顾小诚的感受。小诚前男友的家人还要小诚不要报告给学校。后来,小诚爸爸要小诚找保卫处,她去了,保卫处老师给小诚提供了解决方案,要按校纪校规处理小诚前男友,小诚又不愿意,怕伤害前男友的尊严,也怕他破罐子破摔,带来更大的报复。保卫处老师只好将她带到心理咨询中心寻求帮助,小诚还一再强调自己没有心理问题。

**危机干预**

1. *评估与分析*

小诚刚刚经历了多次痛苦、屈辱的身心暴力。一方面,她的内心还处在被打的后怕中;另一方面,对于自己不能专心学习,不能按计划完成复习任务，她感到内疚、自责、焦虑不安。此外，在遇到人生的危险，尤其是情感困扰时，小诚没有母亲的贴心照顾与爱抚，内心十分无助。

根据《中国精神障碍分类与诊断标准（第三版）》和《国际疾病分类（第十版）》，小诚的情况比较符合急性应激障碍的诊断标准。小诚在遭遇突然、强烈的暴力袭击后，将自己关在寝室里四天，感到极度恐惧，不知道如何是好，睡不着，头痛，不想吃饭，全身发抖，腿软，总是回想挨打的镜头以及前男友"穷凶极恶""得意""很贱"的样子以及他的"脏话"，总想如果他下次再袭击，自己还是没有办法，很无助，紧张，焦虑，不能集中注意力，易激惹。在咨询时，小诚不停用手梳头发，这是较明显的急性应激障碍的症状。

急性应激障碍如果得不到及时处理，或者处理不当，在1个月内不能缓解，那么有可能会发生创伤后应激障碍。有研究表明，创伤后应激障碍的发生概率为5%—74%，70%—90%的创伤后应激障碍个体能恢复正常，10%—30%的创伤后应激障碍个体可能会留有后遗症，或者没有恢复，继续恶化。

个体受到重大刺激后，是否会患创伤后应激障碍，与个体成长的家庭环境、成长经历、人格特质、神经系统特征、心理健康状况、对刺激的心理准备以及社会支持系统等都有密切关联。

危机发生时，小诚正处于复习考研的高度紧张状态。由于小诚所在学校没有硕士点，以前所学专业课程在难度与深度方面，与报考学校的专业课程要求相去甚远，需要小诚付出十二分的努力。正如小诚自己所说："我的心智已在一条高速路上吃力地奔跑，现在，突然一个坏蛋拿着个棒子，将我狠敲了一下。我头昏眼花，迷失了方向，也没有能力和信心了。我现在不由自主地在另一条痛苦、愤怒、焦急、脑中不断出现他打我的镜头的高速路上奔跑了，想刹都刹不住。更没有办法回到前面的道路上。而且，我还不能找这个坏蛋算账，我怕他报复我，浪费我更多的时间。我怎么办啊？"小诚感到非常无助。

研究表明,无助感是很糟糕的感觉。当个体处于不可逃避的休克状态时,既不能战斗,又不能逃跑,这时就会产生无助感。这种无助感可能在受到创伤后 6 到 12 周持续存在。一方面,当事人可能会出现"记忆闪回";另一方面,当事人可能会出现警觉增高和回避现象。

从小诚的家庭环境与成长经历来看,小诚的母亲早在 7 年前就和小诚的父亲离婚,从此小诚再也没有见过母亲。"这个狠心的女人抛弃了我和我爸爸"(小诚语),"我不能让她找到我女儿,要让她尝到被抛弃、被折磨的滋味"(小诚爸爸当着心理咨询师和小诚这样说)。可见,小诚的父亲已将仇恨的种子撒播在女儿小诚的心田。不仅如此,小诚对前面几次被打耳光、揪头发(小诚认为程度比较轻)安之若素,恐怕不仅仅是"还债,让他心理平衡"那么简单。除了还情感与经济上的债以外,有没有母亲抛弃给小诚留下阴影,让小诚觉得自己要替母亲还债呢?

经过咨询与评估,小诚并不享受被虐待的过程,因此排除受虐心理,而且也排除了人格障碍。

综合以上分析,心理咨询师认为,小诚主要有以下三方面的问题:(1)身心遭受暴力攻击后的急性应激障碍;(2)复习考研的压力;(3)对母亲的怨恨乃至仇恨。

2. 制订干预策略

对小诚的心理咨询可能需要较长时间,考虑小诚要考研,时间紧,压力大,需要及时疏导小诚当前的心理应激状态,尽量减少危机对学业的影响,因此心理咨询干预计划连续进行,四天进行四次心理咨询。目标是处理小诚的心理应激反应,提升小诚的应对能力,减少危机对学业的不利影响。同时,对小诚前男友进行心理咨询,一方面帮助其处理好失恋问题,另一方面也帮助消除他对小诚的威胁。后续还进行了考研压力咨询与关系管理咨询等。这里主要报告前期的心理咨询干预的部分。

3. 干预过程

10月17日，第一次心理咨询。心理咨询师首先了解小诚的具体情况，建立咨访关系，疏导负面情绪。心理咨询师评估了暴力伤害对小诚的情感、认知和行为影响的性质和严重程度，然后了解小诚的个人基本情况，事情的经过，和小诚建立起信任关系。心理咨询师鼓励小诚讲述自己的经历，适时给予支持，宣泄负面情绪。教小诚应对创伤情绪的方法以及保护自己人身安全的方法。

心理咨询结束时，从小诚的面部表情看，小诚的状态比刚到心理咨询室时好了许多。小诚自己也感到压在心里的恐惧、害怕、愤怒等负面情绪有所降低。小诚刚到心理咨询室时，按0—10计，小诚身心状态评估的初始自评分数为1分。第一次心理咨询结束后，小诚身心状态评估的自评分数为3分，并自述觉得好些了。心理咨询师将自己的手机号给她，并告诉她手机24小时开机，若有紧急情况要及时联系心理咨询师。

10月18日，第二次心理咨询。家校联合，解除威胁根源，增加安全感。由心理咨询中心牵头，邀请学校学生处、保卫处负责此案例的老师，学院负责学生工作的副书记、辅导员，小诚前男友所在学院的副书记、辅导员等多部门人员会谈，讨论如何帮助打人的小诚前男友和小诚，从根源解除问题。最后，大家达成共识。首先，从有利于学生成长的角度考虑，由保卫处向男生通报学校相关条例及规范处理的后果等，给予管理和规范上的威慑，并告知其行为已涉嫌违法，若女生追究必然会立案。其次，由男生的辅导员负责找男生谈心，做好男生的思想说服和劝导工作，让他有具体的学习和生活目标，转移注意力，减轻失恋的痛苦，并建议他寻求专业的心理咨询指导。小诚的辅导员则继续密切关注小诚的心理动态，及时与小诚的父亲沟通。心理咨询中心继续对小诚实施心理咨询干预。

之后，心理咨询师和小诚的父亲、小诚一起深入交谈，了解小诚的家庭背景、成长经历等。同时，对小诚的父亲进行心理辅导，使小诚的父亲能提供正向的、适当的支持。建议小诚的父亲在学校周边住几天，保护小诚。鉴于一位室友已知道小诚的事，请该室友回校陪伴小诚，让小诚获得安全感，也能更充分地倾诉，以缓解压力，平复情绪。

10月19日，第三次心理咨询。心理疏导，宣泄情绪。小诚以前被前男友殴打后，都会当面痛骂他，所以一般两三天就没事了。此次情绪之所以久久不能平复，一方面因为被打得比前几次厉害，前男友表现得更凶神恶煞，小诚深受刺激；另一方面，由于小诚被吓傻了，没有当面反击。心理咨询师利用宣泄室的橡皮人，让小诚痛骂、狠打"前男友"，充分宣泄内心的愤懑、屈辱、恐惧等负面情绪。

由于小诚7年多没有见过母亲了，心理咨询师恰好与其母亲年龄相仿，见到心理咨询师，小诚很容易表现出女儿对母亲的情感。心理咨询师利用这种移情，让小诚在自己怀抱里哭泣、宣泄。小诚在"母亲"怀抱里，心情逐渐平复。心理咨询结束后，小诚身心状态评估的自评分数达到5分，走时已能面带笑容地道谢和告别。

10月20日，第四次心理咨询。放松训练，认知调整。第四次心理咨询主要是给小诚提供支持，开展心理教育，调整认知，促使小诚讨论、接受创伤经历，恢复平静的情绪。使小诚重新从较客观的角度审视整个事件，设法连接与澄清一些意念和小诚生活上的矛盾，改变暴力所带来的不良记忆与生活方式。小诚身心状态评估的自评分数达到7分。

10月21日早晨，小诚给心理咨询师发短信："老师，我已经可以开始学习了，虽然还是会有点走神，但我能控制了。这段时间就先不来咨询了，考完研我再来找您！非常感谢您！"

11月8日，小诚主动来到心理咨询室，说自己又不能专心学习了。因为陪小诚的室友回家了，小诚自己在寝室感到很阴冷、寂寞。想去外面租房子，又怕耽误时间，反而影响学习。原先一起复习考研的10多个人，由于自己近一个月没有和他们讲话，也不理自己了。而且，小诚在图书馆看书时，总感到有人在议论自己，对自己指指点点。对于是否要求学校处分前男友的事，小诚总是犹豫不决。一会儿觉得处分他会对不起他，怕他报复；一会儿又觉得要严厉处分他，尤其是想到他恶狠狠地打自己的样子。

经过心理辅导，小诚最后决定：由心理咨询师在学校为其找一个前男友找不到的安全地方学习，从别的寝室"借"来一位知心朋友，晚上陪自己住。考完研究生后再谈处理前男友的事。之后，小诚还进行了几次考研压力的心理辅导。此后，小诚情绪日益稳定，全力以赴准备考研。心理咨询师还计划，待小诚考完研究生后，进一步对其进行亲子关系的心理辅导，帮助其改善母女关系（心理咨询师已联系上小诚的母亲）。让小诚学会爱与被爱，以期为将来的人生幸福打下坚实的心理基础。

**干预结果**

在学校各方面有效的配合和协助之下，经过四次心理咨询，小诚从恐惧、害怕、愤怒、担忧、无助等负面情绪中走了出来，基本恢复了正常的情绪状态，重新回到复习考研的个人发展轨道。

**经验分享**

本案例是由恋爱中的暴力伤害事件引发的心理危机，主要表现为创伤后的应激反应，影响当事学生的情绪、心态和行为，使其产生痛苦和困扰，如不及时有效地干预，可能会产生不良后果，甚至可能引发人身伤害等恶性事件。

该危机干预有以下三点经验可供分享。

1. 宣泄情绪

危机干预过程中，引导遭遇不公正对待的当事学生，宣泄其压抑的不良情绪。这是很重要的一步。

2. 全面评估

危机干预过程中，对危机的程度、影响等进行全面、综合的评估。这是危机干预开展的基本前提。

3. 整合资源

在出现危机时，由心理咨询中心牵头，召集学生处、保卫处、学院、校医院、家庭等六个方面的相关负责人一起讨论、磋商，整合资源，解决学生危机事件，解除学生的恐惧、担忧、害怕等心理状态。

**案例点评**

大学生恋爱问题是导致大学生心理危机的重要原因之一。在恋爱问题中，因为拒绝分手而采取威胁、恐吓、攻击、伤害等事件时有发生，有的人试图通过上述方式进行挽回，有的人则恼羞成怒，蓄意伤害或报复。通常，失恋一方对主动分手一方的攻击伤害，往往都有一个酝酿、试探和升级的过程。本案例中的失恋方也是如此。一开始是言语威胁、恐吓，不达目的便升级为直接的身体攻击，女生的隐忍强化了他的攻击行为。由于攻击行为没有得到外力的有效制止，故而攻击伤害也更进一步。凌晨到女生宿舍，采取掐脖子等有致命风险的行为，应该说是非常危险的。幸运的是，当事女生没有再次隐忍，否则下一次的攻击可能更具有致命性和危险性。

学校各部门师生、家长在获知此类伤害类的危险情况之后，都应及时通报学校安全部门，协同他们采取措施，制止不法侵害行为的发生，确保受伤害对象的人身安全。同时，学校相关部门也要做好心理危机的干预工作，减少伤害带来的心理损伤，帮助当事人尽快恢复正常的学习生活，免受不良影响。

本案例的干预得到了学校多个部门的帮助，取得较好的干预效果。这里需要提醒高校心理咨询中心心理咨询师的是，大学生心理危机干预，务必要充分调动学校各方面资源，形成合力，共同实施干预和帮助，千万不要让大学生心理危机干预成为心理咨询师"一个人的战斗"。

## 14 寝室人际冲突的背后

——一例由寝室人际关系冲突引发心理危机的干预报告

小明（化名），女，大专二年级学生。大二开学两个月后，小明与寝室同学小红（化名）因为生活琐事积累矛盾，产生人际冲突，爆发打架受伤事件。辅导员经过多方了解，发现小明有严重的洁癖并伴有强迫行为。另外，辅导员还发现，小明还隐藏着自杀的想法，并实施过割腕自杀。这些行为和危机都指向一个真正的根源——小明同性恋失恋的痛苦。追根溯源，通过对小明的成长经历进行深度分析，辅导员发现，小明的问题产生于父母离婚事件。父母离婚对小明的人格发展产生了消极的影响。

小明是一个面相清秀的女生，打扮中性化，出生于一个小资家庭，父母早年离婚，小明跟随母亲生活，姓氏也随母姓。小明的母亲原本是一名中学英文教师。小明读小学时，小明的母亲发现，自己的闺蜜变成家庭的"小三"，父母因此而离婚。此后，小明一直跟母亲生活。小明的母亲在小明读大一时去了国外，现已经在国外定居并成立新家庭。小明的母亲为小明提供了优厚的生活条件，但是在学习方面，小明的母亲要求十分严格，告诉她只要学习好，想要什么都可以。所以，从小到大，小明都很听话，学习成绩一直比较好。因为母亲管教严厉，小明向来比较敏感内向，做事情非常细致。又因为成绩好，家里人都觉得小明很懂事，母亲也常以此为傲。进入高中后，小明开始有些叛逆，对严厉的管教有些反感，但是迫于母亲的权威和压力，小明不敢直接顶撞，而是默默地压抑在心里。高考时，小明赌气填了外省市一所院校。结果去了以后，小明发现，自己很不喜欢那里，无论是气候环境、语言交流、饮食习惯,还是课程进度,都出现严重的不适应。读了一个多学期,次年 4 月份,小明就退学回家了。回家后,小明没有复习,直接参加了高考,结果分数很低,选择当前的学校是因为看重它良好的硬件设施和便于出国的专业。入学后,小明基本适应学校的生活,学习成绩较好。

**危机发生**

大学第一年在忙碌中很快过去,班级各方面基本稳定。虽然学生对学校严格的管理制度有很多不满,但是基本都能适应。就在辅导员为班级渐渐步入正轨,为平稳度过艰难的第一年而感到高兴的时候,突发事件始料未及地发生了。大二开学后不久,一天晚上,晚自修下课后,辅导员突然接到宿管阿姨的电话,说班级学生在宿舍楼道里打架,现已经在旁人的劝阻下停止了。辅导员急忙赶到宿舍,看见小明正在楼管大厅里坐着,头发凌乱,眼角有点淤肿,情绪非常激动,满脸通红。见到辅导员后,小明便哭诉报告说,"她打得也太狠了"。辅导员对小明进行了安慰,询问了小明的身体情况。辅导员发现,小明的背上、手臂上都有一条条瘀伤,原来是小红用衣架狠狠抽打导致的。辅导员马上叫班级同学带小明到医务室去治疗一下。随后,辅导员赶到宿舍去看望小红。小红的情绪也很激动,见到辅导员,立马就冲过来。辅导员吓了一跳,以为小红要打她。但是,小红只是把事情的经过说一遍,并强调"我打她是为她好,是她逼我的",并没有进一步的过激行为。

**危机干预**

1. 及时到位,陪同除危机

因为小明的家庭比较特殊,父母离异多年,母亲又身居国外,小明在成长过程中缺少父母的关爱,所以小明是辅导员重点关注的对象。一年来,虽然小明在班级很不合群,但并没有其他的异常行为。辅导员多次找她谈话,感觉她有些偏执,任何错误都认为是别人的原因,自己没有缺点,对社会和现实也有一些不满,但是没有过激言论。除此之外,小明的其他情况都很正常。这次小明被打,让辅导员有些不解。因为小红各方面的情况都很正常,出现打人的行为有些出人意料。无论谁对谁错,打人毕竟不是小事,尤其是针对小明的异常情绪状态。因此,辅导员立即将此事汇报给学院主任,学院主任据实汇报给学生处。经过领导们一致协商,决定当即把事情的经过报告给小明的监护人——小明的舅舅。小明的舅舅反应有些淡漠,说自己晚上有个重要的应酬,现在抽不开身,要明天才能来学校。既然小明的舅舅不能来接她回家,而小红是外省市的学生,在上海也没有亲戚朋友,但又不能让她们俩单独相处,因此,领导们一致决定,让小明在学生处老师(女性)的陪同下,到学校的客房部住一晚。这样一方面可以让小明得到保护,另一方面也可以让小明暂时离开事发的环境,避免受到刺激。虽然大家都担心小明会拒绝,但是她却爽快地答应了。当天晚上,辅导员陪小红住在学生宿舍,隔壁住着系学生工作副主任,以便随时处理危机情况。

经过调查,辅导员了解到,小红和小明所在的寝室,因班级女生人数较少,只安排了三个人住,后来,有一个同学因为转专业的缘故离开,现在宿舍只剩下她们两人。因为学校集中限时供应热水,而小明每天洗澡要洗40分钟以上,所以每次小红都得在小明洗澡之前快速洗澡。如果小红在小明的后面洗澡,那么基本上就只能洗冷水澡了。此外,小明特别爱干净,经常洗头发。可能是短发发型容易乱的缘故,小明每天早、晚必洗头发,中午回宿舍,没事也会洗头发,有时一天要洗好几次。每天晚上,小明吹头发要吹到断电。早上六点多,小明起床就洗头发,整理发型。如果小明觉得不满意,就重洗头发,一直弄到上课时间才离开。

这是一个重要的信息。一方面,这个信息能解释小红打人的原因,可能是平时积累的矛盾的最终爆发;另一方面,辅导员根据心理咨询的知识推论,小明可能存在以强迫行为为主的心理问题。辅导员计划第二天联系学校心理咨询中心,希望心理咨询中心的心理咨询师对小明进行心理辅导,一方面安抚小明的情绪，另一方面深入了解小明的强迫行为，判断是否属于心理疾病，以及是否需要进行心理治疗。

2. 后续跟踪，咨询解情结

第二天，小明的舅舅怒气冲冲地来到学校，把小明接回了家，没有跟学校做过多沟通。过了两天，小明返回学校。在辅导员的耐心劝说下，小明同意接受心理咨询辅导。第二天，心理咨询师打电话给辅导员，让其重点关注小明，因为小明在咨询过程中透露，曾经有过自杀的想法，尝试过割腕，手上还可以看到清晰的割腕的伤痕。辅导员当天专门到心理咨询中心，深入了解小明的情况。心理咨询师谈到，小明的强迫行为可能源于职业高中时，一个女同学嫌弃她头发脏，发型丑，而小明很喜欢那个女同学，甚至产生与她身体接触的想法。小明为了讨好这个女生，每天早晚洗头发，整理发型。稍微有点不满意就重新洗头发，每次一照镜子就产生洗头发的冲动。职高同学只是感觉小明太在乎头发，有些与众不同，并没有觉得小明有什么异常问题，有的时候还喜欢跟小明开玩笑，故意说小明的头发脏了，让她洗头发，结果小明洗头发的次数越来越多。

进入大学后，小明发现，班上的小红和职高时那个女同学是同一个类型的女孩，于是千方百计讨好小红。开学后不久，小明便利用新生宿舍调整，跟小红换到一个寝室。刚开始，小明和小红两人很要好，每天同进同出，有时候同睡一个被窝，甚至有过简单的身体接触。小红对此并不在意，觉得两个女生亲密一点也没什么，这就是所谓的闺蜜，在农村家里都这样玩。不过，其他同学感觉她们两人关系不一般，有同学说她们是同性恋。小红开始并不在意，后来同学疏远她们，小红开始焦虑了，有意疏远小明。小明很不情愿，对小红打骂威胁，小红迫于压力又和小明恢复关系。后来，小明开始动手动脚，每次动手动脚之后，小明会向小红认错，要小红打她。刚开始，小红只是象征性地轻轻打，后来越打越重。但是，打得再疼再痛，小明也不会叫喊。当小明越来越不规矩的时候，小红下定决心要疏远小明，小明则死缠烂打。

这次，小红实在忍受不了，打得特别重，而且坚决要离开小明。于是小明报告了宿管阿姨，并且还用手机拍摄了被小红打的过程，想用这个苦肉计来挽留小红。

为了更好地关注关心小明，辅导员与心理咨询师多次进行沟通，了解到这次打架事情只是一个表面事件，背后有一个真正的根源——小明同性恋失恋的痛苦和挣扎，以及成长过程中父母离婚的创伤性事件对小明人格发展的消极影响。

3. 深度分析，个案溯源头

由于小明的父母在小明小的时候就离婚了，小明缺乏父亲的关爱，尤其是青春期，小明在性别取向上出现了问题。小明父母离婚的原因是小明父亲有了外遇，因此抛弃了小明母女俩，小明的母亲就一直给小明灌输男人没有一个好人，只有女人才是可靠的错误观念。这些错误观念对小明产生了很深的影响。小明从小就有男性化的趋向，希望自己成为男性，保护母亲。慢慢地，小明开始厌恶男性，但对女性有好感。小明的母亲对小明要求严格，而且一切以学习成绩为标准，使小明觉得，只要学习成绩好就可以拥有一切。当小明不能从学习上获得满足的时候，小明就出现了焦虑，不知道该怎么办。小明的母亲出国后，委托小明的舅舅监护小明，而小明的舅舅是一个很粗暴的人，游手好闲。事件发生后第二天，小明的舅舅接小明的时候，在校门口被一辆电动车碰了一下。小明的舅舅立刻将车主从电动车上拉了下来，死死掐住车主的脖子。虽然没有受伤，但也跟车主索赔了两百元钱。小明的舅舅还吹嘘，说自己在棋牌室有名气，别人不敢要他的账，每天在棋牌室也不用交场地费。

虽然小明的成绩很好，但是小明的母亲对小明要求严格，导致小明有较强的自卑心理，总觉得自己不够完美，对自己也要求严格。此外，小明心思细腻，非常敏感，经常纠结于事情的细枝末节，会因为一点点不愉快的小事而久久不能释怀。虽然小明在同学面前表现得像假小子一样，很坚强，但是小明的内心非常脆弱，缺少安全感，常常在半夜想着自己的遭遇而伤心流泪，有很多次，甚至想到死。在初中、高中时，小明拿刀子在手腕上割过几次，因为怕痛，割得不深，后来自己痊愈了。由于小明缺少家庭的温暖，所以依赖心理比较重。小明把依赖转移到同学身上。在中学的时候，小明也曾依赖过同学。进入大学以后，寝室成员由三人变成两人，与班级同学的关系也一直不好，小明的依赖心理更为严重，害怕失去小红这个唯一的朋友。小明认为，自己虽然没有跟小红明说，但跟小红就像是男女朋友那样的关系，两个人在一起很开心，抱在一起的时候会有冲动的感觉，而且小红很多次也承认她们的关系。当小红说要离开自己的时候，小明内心非常痛苦，想到父亲抛弃自己，母亲离开自己，现在唯一一个跟自己要好的人也要离开自己，活着也没有什么意义了。有一次，小明一个人在宿舍时，想着想着就拿出小刀，想要割腕自杀，一了百了。

小明的朋友很少，和同学关系一般。虽然小明极力讨好同学，但同学了解她的真实情况后就会疏远她。在这次事件发生之前，小明唯一的朋友就是小红。小明在成长过程中承受着来自母亲的压力，因此很少表达自己真实的情感，而与舅舅一家的关系也不好。小明个人的兴趣爱好比较少，对集体活动的热情也不高。

4. 特殊照顾，平稳度过大学时期

经过心理咨询，找到问题的症结之后，学校一致决定，把两人分别调到不同的宿舍，要求其他同学对她们多加关照，特别安排两个入党积极分子陪同小明，但不让小明知道是刻意为之。此外，辅导员还建议她们宿舍的四个同学要集体行动，避免小明感到孤单。对小红，辅导员则要求小红不向同学透露她和小明之间的特殊关系，正确看待这个事件，并对小红进行安慰，没有给小红以处分。

**干预结果**

小明在心理咨询中心接受了五次心理咨询，对自己有了新的认识和理解,努力使自己不那么依赖同学,每天洗澡、洗头的次数和时间也减少了。辅导员在班级正常对待小明和小红,不用异样的眼光看待她们,也没有给予她们过度的关注和保护。在活动中,辅导员给她们创造机会,让她们积极参与集体生活。在私下里,辅导员则经常找小明聊天,听小明倾诉,给小明各种关怀和帮助。经过辅导员、心理咨询师和同学的关心和帮助,小明学习生活平稳,性取向的秘密也得到了保护。小红也在同学的关心下,逐渐走出阴影,继续健康快乐地学习和生活。一年半后,小明和小红都顺利毕业,找到了合适的工作。

**经验分享**

这个危机干预案例给我们带来很多启发,在危机处理过程中,我们也获得了不少经验,简单总结如下。

1. 及时到位,果断处理

学校经常会发生各种各样的突发危机事件,学校各级学生管理部门的老师,一定要坚守岗位,及时到位。学校应当成立危机干预小组,一旦发生危机事件,危机干预小组的成员要及时到位,果断处理。本案例所在学校主要采取双线协同管理制度:一条线是辅导员—学院学生工作副主任—学生处二级管理制度,主要关注学生的心理状况和思想状况;另一条线是宿管员—保卫处两级管理制度,主要关注学生的安全状况。双线协同合作,各有侧重,共同开展工作。宿舍发生危机事件后,宿管员上报到保卫处,同时报告辅导员。辅导员报告学院学生工作副主任,危机事件严重的,进一步上报到学生处领导及校领导。各级管理人员接到电话后,必须在第一时间赶到现场,果断处理事件,统筹安排各项工作。

2. 咨询跟进,寻找根源

危机事件发生后,一定要进一步调查原因,深度了解危机背后的根源。尤其是心理咨询需要跟进,辅导员也应当具备相当的心理学知识,最好能有学校心理咨询培训经历或者相应的资格证书。心理咨询师要对危机情况进行评估,适当的时候要出谋划策,提供适合操作的建议和措施。同时,在危机处理之后,心理咨询师要对当事人进行心理咨询,进行后期的辅导。

3. 耐心教育,润物无声

教育是一门艺术,对待特殊情况的学生,要讲究处理的技巧。危机发生以后,不能把学生赶回家了事,而是要持续给学生以照顾和关怀。要让学生能够正常生活和学习,逐渐融入班级生活。辅导员要有耐心,能够无条件地接纳学生,无条件地关爱学生。

**案例点评**

寝室人际关系冲突是大学生产生心理危机的重要诱因。寝室人际关系是大学生人际关系中最普遍、最直接和最重要的人际关系之一。不同爱好、不同习惯、不同家庭背景、不同性格的人,每天有三分之一的时间同住一个屋檐下,免不了要交流和碰撞,也容易产生矛盾和冲突。

本案例表面上是寝室人际关系冲突,实则是同性恋失恋的痛苦造成的危机。由于当事人的家庭缺陷,使她极其渴望亲密关系,但又缺乏安全感。因为自身是同性恋,所以对同性同学的亲近、好感和依恋承受了巨大的心理压力和社会道德压力。不敢直接表达,在对方察觉并表示拒绝之后,则苦苦挽留,从而导致被打。总体上看,很多心理危机事件背后都有原生家庭的影响。当事人成长在因外遇而离婚的家庭,舅舅的粗暴监管使她从小缺乏亲情,感受不到关爱。这样的不幸给当事人带来很深层的影响。因此,处理心理危机的时候,还要找到心理危机背后的原因和对当事人的影响,才能有的放矢,切中要害。

在日益开放的社会,大部分人至少能在理性层面接受同性恋及同性恋群体的存在。然而,如果涉及身边的家人和朋友,情感上又往往难以接受。高校学生工作者在处理同性恋学生的冲突和危机时,也会面临较大的挑战。同性恋群体最大的苦恼在于,面临着自身需求和社会环境的各种压力,容易产生自卑、压抑、自责、恐惧、焦虑等心理。因此,对同性恋群体的工作要把握自愿、隐私和不伤害的原则。在心理危机干预时,要用真诚一致、共情理解、无条件积极关注的态度,陪伴、接纳、支持当事人,帮助他们走出困惑和烦恼,重建美好人生。

## 15 在冲突中遇见更好的自己
——一例由人际冲突引发自我伤害危机的干预报告

小王（化名），男，某大学本科生，大学四年级。心理危机事件发生在大一下学期。当时，小王的辅导员、学院领导和家长一起，帮助小王顺利应对危机事件。小王毕业后，考取了国外某大学的研究生。小王来自外地某省，爸爸在当地政府部门任职。据小王的描述，小王的爸爸具有领导力，为人处事的能力也很强，阅历非常丰富。在小王的眼里，爸爸几乎是一个完美的人，也是小王最强大的依靠。小王对妈妈的情况了解不多，印象中，妈妈曾是一家公司的部门主管，有好强的个性。小王小学时，小王的妈妈患了精神疾病，之后工作不稳定。小王和爸爸生活在一起后，很少和妈妈联系，爸爸很少与他谈论妈妈。小王的爸爸、妈妈经历了结婚—离婚—复婚—再离婚的婚姻过程，夫妻关系不和睦，经常发生激烈冲突。回忆那段经历，小王有强烈的恐惧、担心、无助等情绪。

**危机发生**

大一上学期，小王因不整理内务，不参与宿舍的公共卫生工作，经常睡懒觉、逃课等问题，和室友产生矛盾，后来发生了较大的冲突。室友开始孤立他，并采取一些行动排斥他，要求他搬离寝室。小王当时已被较严重的负面情绪困扰，学习和生活受到一些影响。

小王试着改变自己的习惯，如开始早睡早起，打扫寝室的卫生，分享自己的零食等，室友虽然不再要求小王搬离寝室，但对小王的态度很冷淡，不和他来往，这让小王非常失落、沮丧和害怕。一方面，他非常担心室友把自己的缺点、欺骗室友甚至动手打人等事情告诉班级同学，从而被同学认定为"坏男孩"；另一方面，小王在寝室里和室友没有来往，被孤立和忽视，这让他难以忍受。

随后的寒假，小王住在奶奶家，与爸爸见过几次，但拒绝去爸爸家，因为不想看到两个妹妹。这种和爸爸分离的状态让小王很生气，也很委屈。原本过年是一家团圆的日子，他却只能和奶奶一起过，无法和他最爱的爸爸一起过。小王和爸爸谈论自己不喜欢二妹，原以为会得到爸爸的理解和支持，没想到爸爸听了之后，对小王的态度很生硬、冷淡，觉得小王很自私。

开学后，辅导员找小王谈话。因为小王第一学期打人的事违反了校纪校规，因此他将面临处分。小王联想到高中同学因为违反校纪校规，受到处分后被大家看不起和孤立的情景，非常恐惧。小王自述："若被处分的话，我肯定没脸再待在学校，也不知道怎么生活，不如死了算了"。

第一次心理咨询虽然在一定程度上给小王心理支持，缓解了小王的负性情绪。然而，寒假过后，小王又遭遇了室友的冷淡，父亲不在乎小王的想法和感受以及学院要处分小王等事件，导致小王的自我评价很消极。小王认为自己有很多陋习，爱说谎、懒惰、自私，等等，大家都不喜欢自己，甚至很讨厌自己，不愿意和自己交往。小王的情绪非常糟糕，无助、难过、孤单、挫败、内疚、绝望……各种不好的感受笼罩着他，让他无法摆脱，多次流露出跳楼轻生的想法。他不愿意也不敢去学校上课，害怕见到同学，白天在寝室里睡觉，情绪低落时，常常控制不住哭泣，晚上睡不着就玩电脑和手机，不再主动和室友交往。

**危机干预**

因为第一次心理咨询，心理咨询师和小王建立了良好的咨访关系，所以当小王在尝试自我心理调解而未获得成功，陷入心理危机状态时，小王直接来到心理咨询中心，寻求心理咨询师的帮助。整个心理咨询过程，小王一直在哭泣。

小王当时有很强烈的消极自我认知，认为自己是一个坏男孩，不值得人爱；情绪非常糟糕，强烈的痛苦、悲观、无助、无望等情绪交织在一起；无法正常的学习、生活，不愿与他人交往；跳楼自杀的念头时常盘旋在头脑里。鉴于以上几个方面的信息，心理咨询师认为，小王处于心理危机状态，需要及时进行危机干预。

结合小王心理危机发生、发展的心路历程，心理咨询师立刻启动危机干预预案——心理咨询中心、学院和家庭联动，一起帮助小王走出心理危机状态。

心理咨询中心采取了如下危机干预措施。

（1）以当事人中心疗法为基础，用尊重、信任、温暖的态度，借助一些面谈技术，进一步巩固良好的咨访关系。

（2）和小王协商并建立口头契约：请小王承诺，在情绪很糟糕而自己无法应对的情况下，不实施自杀行为，第一时间联系心理咨询师。

（3）通过倾听、共情等面谈技术，帮助小王宣泄负性情绪，改善低落的心境。

（4）针对小王的不合理思维，调整他的认知偏差。小王当时存在的不合理思维主要有：做过错事的人，别人肯定不会接受和喜欢；爸爸又生了两个妹妹，所以爸爸不再爱我了；因为我打了同学，违反了校纪校规，我将被同学嘲笑和看不起；接受学校处分后，我就永远是一个坏孩子了。通过认知疗法，引导小王看到非理性思维，找到可替代的理性思维。

（5）引导小王看到自己内在积极追求美好的动机和力量，承诺陪伴他一起走过这段人生低谷，引导他看到改变的希望。心理咨询师还和他一起确定了长期咨询的计划。

（6）鉴于小王的心理危机状态，心理咨询师打破咨询保密原则。在获得小王同意后，向学生处的领导和小王所在学院的领导汇报了小王的心理危机状况，建议学校采取措施，确保小王的人身安全。

（7）从专业的角度，向辅导员解释小王目前心理危机状况的前因后果，建议学院尽快给出处分结果，减少小王的焦虑和恐惧，密切关注小王的情绪状态。

（8）建议辅导员给予小王更多的支持和鼓励，帮助小王尽早走出心理危机状态。

（9）心理咨询师和小王的爸爸进行了一次电话长谈，从专业的角度解释了小王心理危机与家庭可能的相关，以及小王平时生活中存在的"异常"行为反应的可能的心理原因，也从专业的角度给小王的爸爸一些建议，提高亲子互动，帮助小王解决困扰。

在紧急处理心理危机之后，小王继续接受每周1—2次的心理咨询，一共接受了32次心理咨询，其中有23次心理咨询主要围绕亲子关系和人际关系，另有9次心理咨询探讨了职业规划、出国求学和恋爱方面的问题。

学院采取了如下心理危机干预举措。

（1）辅导员第一时间向小王所在学院的领导汇报了小王的心理危机状况，学院领导高度重视。

（2）辅导员和小王爸爸取得联系，沟通了小王的状况，商议如何帮助小王。

（3）辅导员请班级里和小王关系较好的同学密切关注小王的状况，确保小王的生命安全。

（4）辅导员作小王的思想工作，协调小王寝室的矛盾，缓解了大家紧张、疏离的关系。

小王的家庭采取了如下危机干预举措。

心理咨询师与小王的爸爸会谈后，大大减少了小王的爸爸帮助小王无果而产生的无望感和无助感。小王的爸爸通过电话和网络，主动和小王取得联系，表达了对小王的爱和关心，并给小王提供支持。

**干预结果**

心理咨询中心、学院和家庭联动，进行了全方位的心理危机干预和干预后的心理支持。对于小王打人的行为，学院给予了口头警告处分，并承诺保密，这大大缓解了小王焦虑、紧张的情绪；辅导员耐心和温暖的沟通，也让小王获得很大的支持；小王的爸爸多次主动和小王联系，向小王表达内心的爱，消除了之前沟通中的一些误会；室友对小王有了更多的理解，虽然尚未完全认可和接纳小王，但对小王的态度不再冷淡，不再要求小王搬离寝室。通过多方共同努力，小王的情绪有了极大的改善，可以走入课堂，主动和周围同学交往，重新确立了回归生活、完善自我的美好生活目标并付诸行动。

**经验分享**

当个体遭遇重大问题，使个体感到难以解决和把握时，个体的心理平衡就被打破了。个体正常的生活受到干扰，内心的紧张不断累积，继而出现无所适从，甚至出现思维和行为紊乱，进入一种失衡的状态，这就是广义上的心理危机状态。处于心理危机状态的个体会产生一系列身心反应，若不及时干预，可能会影响个体正常的学习、生活和工作。因此，及时实施心理危机干预，给个体以心理援助，是帮助个体应对心理危机的重要的、有效的方法。如何及时援助心理危机个体，避免恶性事件发生？结合本案例，我们认为，可以从以下三方面入手。

1. 采取措施，确保当事人生命安全

危机发生后，必须第一时间启动危机预案，采取措施，确保当事人生命安全。必要时，要请保卫处或相关部门，参与当事人安全保护工作。

2. 提供持续性心理支持

在确保当事人生命安全的前提下，第一时间联系当事人的家人或与当事人关系亲密的人，请他们帮助当事人应对心理危机，并提供持续性的心理支持,为当事人建立稳定的社会支持系统。

3. 建立信任关系,解除心理危机

心理咨询师尽快与当事人建立信任关系,解除当事人的心理危机。之后,为当事人提供后续的心理辅导,协助当事人应对心理困扰,增强当事人解决问题的能力。引导当事人觉察自我、完善自我、提升自我,最终实现自我成长。

**案例点评**

本案例中,危机事态得到及时评估,干预措施及时启动,多方联动建立牢固的支持系统,在较短的时间里改善了小王的情绪,使小王顺利走出危机困境,确保了小王的生命安全。

第一次心理咨询时,心理咨询师和小王建立了良好的咨访关系,咨访关系稳定,来访者非常信任心理咨询师。在危机干预过程中,心理咨询师耐心、果断、细心地帮助来访者,进一步稳定了咨访关系。整个咨询过程,心理咨询师始终扮演陪伴者的角色,引导小王看到自己内心真实的需求,看到自己头脑里存在的非理性思维,看到自己的生命力所在,探索更多解决困扰的方法和资源……在心理咨询师的陪伴下,小王积极努力,不断自我调整,取得了很大的改变:小王接纳了自己的妈妈,主动和妈妈联系,关心妈妈的生活状况,想办法帮妈妈解决困难,利用假期主动探望妈妈;理解和接纳爸爸的再婚家庭,假期不再拒绝去爸爸家,偶尔会在爸爸家留宿,慢慢开始有些喜欢自己的两个妹妹;与同学相处时,能换位思考,学着体会对方的感受,与同学和睦相处,人际压力减少很多;学会接纳和欣赏自己,变得更加自信了。最后,在父亲和家人的支持下,经过自己的努力,小王终于如愿,考取了国外某大学的研究生。

## 16 自由的博弈
——一例由父子关系不良引发自杀危机的干预报告

王强(化名),男生,某高校大三本科生。因人际关系不良,在辅导员的建议下,王强从大一下学期开始接受心理咨询。王强性格敏感多疑、固执自大、脾气暴躁、容易冲动,与班级同学关系僵化,与老师、同学均发生过争执。经了解,王强不善于表达自己的想法与情绪,脾气变化无常,特别容易记恨,做事易走极端。经过专业评估,王强属于偏执型人格障碍。

王强的父亲是军人,母亲是家庭主妇。王强的父亲对王强要求严格,多采取简单粗暴的方法,会动手打他,这种情况一直持续到高中毕业。平时,王强的父亲多以命令的口吻与王强交流,告诉王强应该做什么,不应该做什么。在进入大学之后,王强的父亲增加了与王强的沟通,两人每天通电话,王强每天向父亲汇报在校的情况,并向父亲咨询建议。王强与母亲很少交流。

**危机发生**

大三开学,9月17日晚九点半,王强在六楼宿舍走廊与父亲通电话时,与父亲发生了冲突。事情起因是:当天下午,王强向父亲咨询追求喜欢的女生的技巧,被父亲批评,父亲希望他在大学以学业为主,不要考虑其他事情。这样的观点让王强很难接受。之后,王强两次提出与父亲进一步沟通,均被父亲以工作忙为由拒绝。王强非常生气,晚上九点半,王强再次提出与父亲进一步沟通,父亲仍坚持原来观点,王强气急,跟父亲说"你以后再也看不到我了",随后摔掉了手机,将宿舍的门玻璃踹碎,爬上窗户欲跳楼,被闻声赶到的同学拦下。同学将王强扶回宿舍,突然,王强再次冲到走廊的另外一边欲跳楼,身体已经到了栏杆外,被同学抓住脚,拽了回来。

**危机干预**

当晚十点,辅导员接到王强同学的电话,迅速和系分管书记到达学校,了解情况。晚上十点半,学校心理咨询中心的心理咨询师和学生处领导赶到学校。

通过与辅导员和系分管书记交流,王强的情绪有所缓和。心理咨询师在与王强的交流中了解到:王强策划自杀已经有一年多的时间,主要是觉得自己没有自由,父母完全控制自己的生活,自己不喜欢但是又不敢逃离父母的安排,所以他想用自杀的方式报复父母。王强陷入既依赖父亲,又排斥父亲的痛苦之中。被救下来之后,王强很担心学校里的学生会知道这件事,那么他努力两年换来的良好的人际关系又要重新开始了。王强担心大家用怪异的眼光看他,而且他也不敢保证不会再出现类似的行为。为了确保王强的生命安全,经过与王强及其舍友协商,当晚,安排王强及其舍友从六楼搬至一楼居住,并安排一个学生干部与他们同住。同时,请两个同学分时段值班,确保王强在宿舍中不会有其他的过激行为。同时,在宿舍门口安排学生干部轮流值班,防止王强冲出宿舍,再到其他地方实施跳楼。辅导员则在宿舍楼门卫处住宿陪同。

在确保了王强的生命安全之后,当晚近十二点,学校与王强的家长取得联系,介绍了王强的基本情况,并请王强的家长尽快到校。第二天上午十点,王强的父亲到校,系分管书记、心理咨询师、辅导员一起与王强的父亲进行了交流,介绍了王强的状况,并对如何调整父子之间的交流模式提出了建议。王强的父亲非常赞同学校老师的分析。考虑到同学的议论会再次刺激到王强,学校建议王强的父亲带王强回家休养一个月。这期间,请王强的父亲加强与王强的沟通与交流,了解王强的内心需求,少一些"应该",多一些"关爱"，改变命令式的沟通模式。同时，请王强的父亲带王强到当地的医院接受心理治疗。王强的父亲完全接纳学校的建议。

在与王强的父亲达成共识之后，心理咨询师与王强进行了交流。王强懊恼于自己跳楼的冲动行为，非常担心此行为的不良后果。心理咨询师对王强的心情表示理解，并与王强探讨了冲动行为可能的根源。心理咨询师认为，王强的冲动行为，可能源于不良的亲子关系，王强表示认同。经过这件事，王强表示，愿意解决这一问题。对于暂时离开学校的建议，王强表示非常乐于接受。同时，过一段时间，其他学生的反应也就没有那么强烈了，对他的刺激也会小很多。心理咨询师就王强回家后与父母的交流模式，接受医院心理咨询等事项，逐一与王强进行了讨论，达成共识。王强承诺，不会再做出类似的过激行为。随后，王强与父亲离开学校，返回家中。

**干预结果**

王强回家以后，定期到医院接受心理治疗，加强了与父母的沟通，时常全家一起外出游玩。返校时，王强的精神状态良好。最后，王强顺利毕业，参加工作，社会化程度良好。

**经验分享**

本次危机干预取得良好的效果，成功之处在于多方协作，辅导员、家长、心理咨询师均成为王强成长的助力。在确保王强安全的基础上，多方努力，给予社会支持。总结起来，有以下七方面的经验可以分享。

1. 良好的危机处理意识

班级同学及时发现，及时阻止，及时上报，在辅导员未赶到现场前，一直陪同王强，安慰王强，确保了王强的安全。

2. 及时进行处理

王强的辅导员、系分管书记、心理咨询师和学生处领导接到电话后，迅速赶到现场,进行危机处理。

3. 处理方式得当

相关教师和人员第一时间了解王强的思想动态,稳住王强的情绪,得到王强不再采取极端行为的承诺,安排其他学生陪同王强,将宿舍调整至一楼,确保王强没有再实施极端行为的机会。

4. 及时与家长沟通

在王强情绪稳定之后,通知王强家长,要家长尽快来学校。事件发生后十二个小时内,王强的家长赶到了学校。

5. 多部门协同合作,防患于未然

危机发生后,系分管书记、学生处领导、心理咨询中心的心理咨询师均赶到现场,协同合作,采取多项措施,确保王强的安全。

6. 后续处理工作思路清晰

从保护学生、爱护学生的角度,学校与家长达成共识——将学生带离学校一个月。

7. 监控网络舆情,防止谣言产生

事发当晚,有学生骨干反映,网上有同学发了相关的帖子。为了防止事态严重,学校马上联系发帖同学,撤销了相关的帖子,并向现场同学解释了事情的真相,请同学从关心当事人的角度出发,不扩大事情的影响。事实证明,这样做的效果很好。

**案例点评**

本案例中,该生的人格存在一些缺陷,一直接受心理咨询。该生曾经与同学打过架,有过激行为。该生的情绪压抑到一定程度会爆发,爆发后平静半年至一年,之后可能再次出现过激行为。虽然一直对该生进行情绪疏导、行为训练和认知调整,但是这样的事情仍然可能发生。因此,各方面不能掉以轻心,必须长期跟进,了解该生的动态。

当然，当事人人格方面的问题，与其家庭环境和亲子关系不良有密切的关系。该生入校后，辅导员密切关注他，经常关心他，在大一下学期，请他到心理咨询中心接受心理咨询，心理咨询师与该生建立了良好的关系，定期开展心理咨询。其间，辅导员一直与该生保持密切的联系。为了帮助该生调整认知行为模式，心理咨询师与辅导员合作，请辅导员在班级内部创设良好的氛围，给予该生情感上的支持，这有利于该生形成健康的认知行为模式。危机发生之后，家校积极沟通，心理咨询师与家长进行沟通，请家长调整教养方式。总之，本次危机事件取得良好的处理效果是整个系统协调工作的结果。但是，本次危机爆发，也暴露了部分工作人员为了防止不良影响而有意遮掩事情真相，上报不及时等不利于危机干预的现象，相关人员的危机处理意识和处理危机的技巧仍有待加强。

# 第三篇　心境障碍

　　大学生面临学业压力和同辈竞争压力，容易出现显著而持久的心境改变，主要包括情感高涨和情感低落两大类，有时伴有认知和行为改变以及幻觉和妄想等精神病性症状，也就是心境障碍。与情感高涨相比，情感低落更容易引发大学生心理危机，导致抑郁，对学生的人身安全产生极大的威胁。

## 17 直面困难,赢得生机
——一例由抑郁情绪引发自伤危机的干预报告

K,大二女生,22周岁。K十几岁时随父母移居境外,有一个比她小5岁的亲弟弟。大一上学期,K主动预约心理咨询。经学校心理咨询中心聘请的精神卫生中心专家诊断和评估,认为K抑郁症状明显,但她没有坚持接受心理咨询。

K在高二时出现身体不适,情绪不稳定,在境外居住地就诊,发现激素异常,医生考虑有慢性肾炎可能。此后,K休学一段时间。然而,回到学校后,K觉得难以融入集体,情绪欠佳,于是再次休学。从高三开始,K在上海就读。当时,国际班人较少,不需要太多交流,K的一般表现尚可。进入大学后,K觉得自己的人际关系欠佳,睡眠欠佳,常常朝不好的方向想问题,比如担心与同学谈话冷场后同学不喜欢自己,觉得自己能力不如别人,觉得同学都很努力,都比自己强,等等。在日常生活方面,K很难适应集体生活,与室友相处困难,不愿去没有隔间的公共浴室洗澡。大一入学三个月后,经K所在学院同意,K独自在校外租房居住。

大一时,在一次动漫展上,K认识了同是大一的一位外校女生,两人关系很好。在她休学回家治病期间,那位女生对她非常关心,两人经常联系。对方在电话里向她表白,她很吃惊对方也喜欢女生,沉默了几分钟之后,答应了对方。两人确定了恋爱关系。

大二下学期,K查出卵巢瘤,休学一年,回家手术治疗。复学后,K感觉很难适应大学生活,和班级同学几乎没有交流,独自上下课。下课后就回到校外租房处。开学两个多月，K一直情绪低落，经常会忍不住想哭，有时脾气很坏，女朋友建议她去精神卫生中心就诊。K在精神卫生中心被诊断为躁郁症，需要服用药物治疗。K服用两种药，两种药都是每日一片，主要是抗抑郁和稳定情绪。K希望尽快改善自己的抑郁状况，因此主动打电话到心理咨询中心，想要预约咨询，寻求帮助。

**危机发生**

K在第一次咨询的过程中，长时间哭泣，反复提到自己这段时间的情况很糟糕，情绪糟糕，但没有想过自杀，不想去死，还是希望能尽快改善情绪，治好躁郁症。因为医生说她需要服药一年，K觉得时间有点长，想到之前的卵巢瘤也是久治不愈，K觉得自己特别倒霉，非常不幸，为此伤心难过。

高三时，因为生病，K休学过一次。当时打针治疗，K感到非常痛苦、无望，想用剪刀割腕，但被妈妈及时制止了。妈妈抱着她大哭。K自述，目前没有自杀的想法，女友是她最大的精神支柱。但是，K也担心自己一直这样的话，女友会嫌弃她。K觉得同性之间的关系不像男女朋友那么稳定。

K独自住在校外，家里没有煤气，都是用电。K自述有时精神恍惚，会忘记自己刚才在做什么。曾经有一次，K烧水后忘记关掉，把水壶烧穿了。这段时间，K情绪消沉，没有心思打扫房间，整理东西，感觉家里有点乱。K觉得没有什么好收拾的，好像自己随时会离开，但要去哪里，她并不知道。当心理咨询师问："你是不是要去另一个世界？"她说"不是"。

K不愿把自己目前的状况告诉学院辅导员和班级同学，担心别人以为她是精神病。只有远在市区的女友一人知道她的情况。K也不愿把自己的情况告知远在他乡的父母。K平时和父母联系不多，基本上是"报喜不报忧"。

**危机干预**

K独自住在校外，自述有时精神恍惚，自己的病情也不愿告知学院和身边的任何人。虽然长期用药，但不按时用药，甚至囤积药物。曾经有过自杀的想法，差点付诸行动。考虑到上述内容，心理咨询师认为K存在较为明显的心理危机状况，担心K的抑郁状况可能会使她做出伤害自己的极端行为，因此将K的心理咨询作为心理危机状况来处理。

咨询中途，征得K的同意，心理咨询师暂时离开咨询室，回到办公室，打电话联系了K的辅导员小凡老师，告知K目前的危机状况，请小凡老师到心理咨询中心等候。心理咨询师将安排小凡老师与K直接交谈。小凡老师接受过大学生心理健康知识及心理咨询的培训，是学校中级心理咨询师，也曾作为兼职心理咨询师，在学校心理咨询中心接过咨询个案。

之后，心理咨询师再次回到心理咨询室，发现K的情绪比之前稳定多了。K说自己现在好了，刚才跟女朋友打了电话，女朋友知道她在接受心理咨询。心理咨询师继续与K讨论告知K的辅导员的可能性，希望消除她的担忧，但是K仍然不愿意接受。心理咨询师向K挑明，K的辅导员小凡老师已经在心理咨询中心，心理咨询师想请小凡老师进入咨询室，当着K的面，与小凡老师沟通一下K的情况。K听后显得很伤心，认为既然小凡老师已经知道，就同意在心理咨询室见一下小凡老师。

心理咨询师当着K的面，和小凡老师沟通了K的心理问题，普及了精神病、抑郁症等心理疾病的知识，并向小凡老师讲述了K目前的抑郁状况、情绪状态、就医及用药情况。心理咨询师希望通过这样的方式，消除K的顾虑。K的感觉是，觉得心理咨询师和小凡老师在演戏，故意编排好了演给她看。小凡老师的反馈是，感到很内疚，因为K复学那么久，自己对她的情况却不是很了解。心理咨询师也坦言，希望K尽快消除不必要的顾虑，消除自己是精神病的误解。

当时，K觉得同时面对两位老师非常压抑，心理咨询师请小凡老师暂时离开心理咨询室，到心理咨询中心的接待处等候。心理咨询师随后询问K对刚才发生的事情的感受。K觉得，既然现在小凡老师知道了，那就知道了吧。

她只是希望自己不要被特殊对待。

当心理咨询师建议 K 去图书馆借一些有关抑郁的书时，K 说复学后校园卡还没有开通，上课老师点名也没有她的名字。心理咨询师随即建议，这个问题可以直接问一下小凡老师。于是，再把小凡老师请进心理咨询室。

小凡老师解释了相关情况，说明转专业的同学也和她一样，名字不在专业课老师的名单上，这是一个共性的问题，但校园卡的问题可以立即为她解决。

K 向心理咨询师承诺，不会做出伤害自己的行为，如果遇到情绪糟糕的紧急情况，将第一时间寻求帮助。最后，K 预约了下一次的心理咨询，由小凡老师陪同，离开了心理咨询中心。

**干预结果**

K 在心理危机发生之后，继续接受了 3 次心理咨询，进一步梳理和探讨她的家庭关系、亲密关系、工作状况、躁郁病情。K 顺利完成大二学业，K 很庆幸期末考试全部通过，没有挂科。

K 在大三学年开学后的第二周，接受了心理咨询师的回访。K 说自己目前正处于轻躁狂阶段，感觉很有力量，学习和兼职写稿的效率都非常高，希望这个状态能够持续得久一些，可又担心之后的抑郁状态也会相应地变久。

在回访过程中，K 告诉心理咨询师，自己已经能够接受需要长期服药的事实。她上网查了很多国外抑郁症的治疗方案，对抑郁症的发病机制有了更多的了解，明白了药物治疗的重要性，笑言自己"药不能停"，而且坦言"如果真能完全靠自己来控制，那就不是病了"。

K 最终顺利完成了学业。

**经验分享**

本次心理危机干预，重点在于以安全防护为出发点，消除 K 的担忧，改善K在人际交往方面的困境，使K能够感受到来自辅导员的关心和支持，能够开放自己，直面困难，寻求更多的帮助与支持。本次心理危机干预，有以下两点经验可以分享。

1. 辅导员协同处理

辅导员是大学生在校期间的管理者，通常有调动学生身边各种资源的能力，可以帮助学生，在必要的时候可以承担对危机学生的看护责任，以防发生危险。辅导员是高校心理危机干预过程中的宝贵资源。在本次干预中，辅导员小凡老师第一次和K正式见面与交谈，这突破了K在学校几乎不与同学、老师交往的情况。同时，本次干预也让辅导员进一步了解了K目前的状况，做到心中有数，积极关注。

2. 突破咨询设置

心理咨询师在未得到K同意的情况下，打电话联系了K的辅导员小凡老师，简单告知K的危机情况，请辅导员小凡老师到心理咨询中心协同处理K的危机情况，然后建议K直接与辅导员小凡老师交谈，寻求帮助，K最终同意和辅导员交谈。心理危机干预是专业与突破并进的工作，特殊情况需要特殊处理。本案例中，心理咨询师评估了K的危机状况后，冒险突破咨询设置，推动来访学生与辅导员直接交流并寻求帮助。当然，任何咨询设置的突破都是有风险的，这也是本次干预过程中，需要心理咨询师不断反思和总结的关键所在。

**案例点评**

本次心理危机干预对心理咨询师而言，略有风险。在生命权第一位的主旨下，心理咨询师在没有得到K同意的情况下，"两害相权取其轻"，给K的辅导员小凡老师打电话，请小凡老师到心理咨询中心协同处理危机情况。心理咨询师之所以这样做，是因为考虑到K的心理危机隐患，也是因为知道辅导员小凡老师受过心理咨询的专业训练，能够在第一时间和心理咨询师达成共识,协同工作。

大学生的心理危机干预往往需要心理咨询中心、学生所在学院和学生家长三方协同工作。学生对自身心理危机情况,从理解到接受,再到开放自己,直面困难,寻求更多的支持与帮助,这是需要时间的。然而,心理危机的爆发往往是猝不及防的。这两方面的矛盾构成了大学生心理危机干预的两难困境:一方面,心理咨询师需要凭借咨询经验,及时识别心理危机状况,评估心理危机的严重程度;另一方面,心理咨询师也需要进一步做好"幕后工作",包括与学院和家长形成工作联盟,告知学生心理危机的风险,给出具体的安全防护建议,努力获得来访学生的安全承诺,鼓励学生开放自己,直面困难,甚至在来访学生尚未同意的情况下,考虑到心理危机的严重性,冒咨访关系破裂的风险而打破保密原则。

从本案例来看,虽然K不同意开放自己,将困难告诉辅导员,但在心理咨询室里,辅导员的真诚、坦率及帮助学生的热切之心,最终还是获得了K的理解和信任。

## 18 协同努力，化危为机

——一例由抑郁症引发自杀危机的干预报告

小冯（化名），男，21岁，就读于某大学工科专业。父母健在，家族无精神病史，无明显人格障碍。性格内向，沉默寡言，朋友不多，长期沉迷于网络，学业困难。

**危机发生**

4月25日上午十一点左右，小冯的辅导员W老师正在办公室工作。突然，一个同学打来电话，W老师的心情顿时紧张了起来。原来，这个同学和班上几个同学都收到当事人冯某的告别短信，内容大致是"感谢大家对我的照顾，我去了"。这个同学发觉情况不对，赶紧打电话通知辅导员W老师。

**危机干预**

辅导员W老师接到同学打来的电话后，马上短信联系了当事人小冯，立即又叮嘱小冯身边的同学关注小冯的动向，同时及时和小冯的家长取得了联系，将小冯的情况报告给学院党总支副书记。在同学和家长的苦苦寻找中，当事人小冯自己回了家。由于临近劳动节放假，辅导员帮小冯请了几天假，并嘱咐小冯的家长与小冯多沟通，多关心小冯，如果可以的话，请小冯的家长带小冯去精神卫生中心看一看。

五一假期过后，小冯到校两次。第一次没进校门就回家了，第二次待在宿舍休息，没有去上课。辅导员W老师看了小冯的博客，其中有好多关于生与死的话题,且有明显轻生和自杀的倾向。随后,辅导员 W 老师给小冯发了一则短信,希望小冯来办公室,好好跟他谈一谈。但是小冯并没有来。辅导员 W 老师与心理健康教育中心联系,并与小冯的家长协商,决定让小冯到学校心理健康教育中心进行咨询。

经过与小冯反复沟通,从保护当事人生命安全的角度,并在征得当事人同意的情况下,心理咨询师和当事人签署了《安全计划书》。为确保小冯重视自身安全并做出承诺,心理咨询师请当事人当着心理咨询师、辅导员、家长和同学的面朗读了一遍《安全计划书》。《安全计划书》当事人及心理咨询中心各持一份。其中,在当事人遇到危机时需要联系的人里,心理咨询师排在了第一位,辅导员、当事人的家长和同学也在其中。

经过初步评估,心理咨询师认为,当事人的心理状况已经达到必须接受专业治疗的地步。心理咨询师提出转介的必要性,当事人表示同意。在征得当事人同意后,心理咨询师和家长也进行了沟通,阐明当事人问题的严重性,希望家长能够配合,陪同当事人到精神卫生中心就诊。家长表示同意。

**干预结果**

心理咨询结束后,小冯的家长陪同小冯到精神卫生中心就诊,小冯被诊断为抑郁症,接受药物治疗。以小冯现在的状态,很难在学校继续学习。小冯的家长提出休学几个月的想法,等秋季开学时再来上学。学校为小冯办理了休学手续。秋季开学后,小冯的状态相对平稳,辅导员安排与小冯同寝室的同学关注小冯的精神状态。小冯没有自杀的行为和尝试,危机暂时解除。

**经验分享**

大学生自杀危机是一个必须重点关注的问题,干预的首要原则是"生命高于一切",因此要尽最大努力避免悲剧发生。本案例有如下几点经验可以分享。

1.运用危机干预五级体系进行处置

大学生心理危机可通过危机干预五级体系(如图1所示)进行处置。一级干预是指出现心理问题时,学生进行自我调节。二级干预是指当学生自己无法解决时,可向同学、寝室长、心理委员寻求帮助。三级干预是指院系辅导员在同学的反映下,及时介入。四级干预是指在心理健康教育中心进行心理咨询。五级干预是指校级心理健康指导小组对需要特殊干预的学生进行指导。

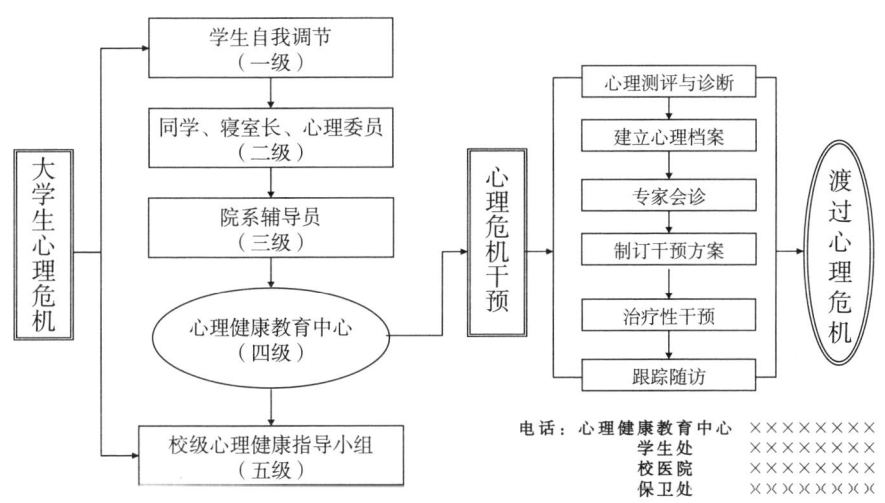

图1 学校心理危机干预五级体系

2.加强对当事人的理解与支持

面对危机时,当事人最需要的是身边人的关心和理解。与学生关系最为密切的同学应主动与当事人谈心、交流,让当事人释放自己的压力,从而使症状有所缓解,甚至恢复到正常状态。本案例中,当事人小冯的自杀情绪比较强烈,随时有自杀的危险。由于之前已经多次自杀未遂,因此学校必须高度重视。辅导员了解当事人这一情况后,马上启动了危机干预五级体系,除了发动班级同学密切关注小冯的情况之外,辅导员每天也会默默关注小冯的情况。辅导员作为引导者、教育者和管理者,与学生接触的时间较多,熟悉学生的性格和行为。对于避免危机的发生，辅导员可以起到很好的预防作用。因为小冯性格极为内向，不主动与班级同学交流，所以小冯的辅导员很关注小冯的情况。辅导员也经常叮嘱班级委员关注小冯的情况。

3. 尊重当事人

在心理咨询的过程中，心理咨询师要充分尊重、理解当事人，并为其提供足够的支持和帮助，给予他关爱，使他找回生存的勇气和信心。接下来，心理咨询师与当事人进一步探讨解决问题的办法。心理咨询师在心理咨询的过程中，要充分尊重、共情，与当事人建立了良好的咨访关系，让当事人能够袒露心扉。

危机干预离不开当事人家长的理解和支持。本案例中，小冯的家长对心理疾病的认识不够，认为小冯这样不是疾病，只是贪玩，沉迷于网络来逃避现实。虽然小冯的家长及时赶到学校，一起商量治疗方案，但是之前小冯的家长批评小冯的种种言行，还是对双方的关系造成了一定的影响。心理咨询过程中，心理咨询师给小冯的家长普及了相应的心理健康知识，说明了心理问题的严重性，让小冯的家长对小冯的问题有一个比较正确的认识，并教小冯的家长一些与处在自杀危机中的孩子相处、沟通的技巧，为小冯的家长提供一定的指导，使小冯的家长能够配合开展工作。因此，在心理危机干预中，家长的知识储备和情感支持对于症状的缓解和危机干预起着至关重要的作用。

**案例点评**

随着经济、社会的发展，在高校学生中，抑郁症的发病率日益增加，被确诊为抑郁症的学生人数也显著增加，危机发生的风险不断增大。对于学生本人来说，自杀危机可能会危及自己的生命；对于他们的同学来说，自杀危机是一种强烈的应激刺激；对于家庭来说，自杀危机可能带来一场巨大的悲剧。学校的危机干预五级体系，充分调动了各方的力量，关爱学生，为学生的心理健康点亮了一盏护航灯,帮助他们在迷茫中寻找方向,在航线上扬帆远行。

本案例中,我们也可以看到,危机干预不仅需要加强学校内部各方力量的整合,也需要加强与校外各方面的沟通与协作,如加强与精神卫生中心的协作,更需要得到学生家长的理解和配合,这样才能真正实现全员、全过程、全方位育人、育心、育德,提高学生的心理健康素质。

## 19　凝心聚力，关爱陪伴
——一例由抑郁症引发自我伤害危机的干预报告

小艺（化名），女，90后，文科生。小艺自幼父母离异，曾跟母亲生活，与父亲几乎没有联系。高中时，小艺的母亲因病去世，此后跟舅舅、外公和外婆在C城生活、读书。因小艺的外公、外婆年事已高，舅舅有自己的家庭，对小艺的教育和培养以保障基本生活为主，情感关心与支持较少，家庭及社会支持系统薄弱。

小艺爱好音乐，曾期待学习艺术类专业实现个人梦想，但这一想法不被家人接受。小艺一直不能适应所选专业的学习和生活，并与家人产生心理隔阂。以上基本情况，由学校辅导员通过日常谈心、走访掌握。

**危机发生**

小艺的心理问题首度爆发的主要诱因是她与寝室同学作息不一致，导致了寝室矛盾。据寝室其他同学介绍，小艺与男友吵架后，常常在寝室大哭。起初大家还常常安慰她，后来也就习以为常，但也常常受其影响。另外，小艺的睡眠不好，夜里常常翻来覆去睡不着觉，患有鼻炎且常常咳嗽，影响寝室同学的休息。

更深层的原因主要有以下四个方面：一是家庭背景导致小艺产生人际交往障碍，自信心不足；二是小艺渴望获得家人、朋友、老师的关心与帮助；三是通过高考优惠政策升入大学的小艺，学习基础较弱，在学习方面存在一定困难；四是转专业导致的学分转换与认定问题，令小艺产生畏难情绪，学习动力不足。具体表现为，小艺惧怕考试，喜欢看恐怖电影寻求刺激，朋友圈狭窄，朋友陆续离校后，现存朋友越来越少。

大三时，因为小艺各方面的不良表现，小艺被纳入学院重点关注对象的范围，并在学校心理咨询中心备案。学校对小艺进行抑郁自评量表的测量，得分为 75 分，表示有较高的风险，有抑郁的倾向。此外，小艺还出现用刀划伤自己以及想"从楼上往下跳"的想法，存在很大的人身安全风险。

**危机干预**

得知小艺的危险情况后，学院领导高度重视，辅导员密切关注学生动态，采用恰当的方式和方法与小艺进行沟通，采取 24 小时陪护模式。当晚，辅导员第一时间联系小艺，陪她谈心至第二天清晨。其间，辅导员反复劝说，最后小艺答应接受医学诊断。第二天早饭后，辅导员陪小艺到精神卫生中心门诊，接受检查。经过检查，医生建议小艺住院治疗。然而，小艺十分排斥住院。后来，辅导员联系了小艺的家人，小艺的家人决定接小艺回家接受治疗。

小艺回家之后，学院领导持续关注小艺的生活和思想情况。学院与小艺及其家人保持密切联系，积极帮助小艺解决课程缓考等事宜。新学期伊始，小艺持所在地相关医院开具的医疗证明返校，申请复学。复学初期，小艺状况良好。

之后，小艺的病情出现反复。经过与小艺家人协商，学校为小艺办理了休学手续，由辅导员护送小艺回家，并与小艺的家人进行了深入的交流。

次年 1 月，小艺再次凭借医院出具的"建议复学"诊断返校，办理复学手续。辅导员与小艺深入谈话后发现，小艺的精神状况良好。3 月，小艺正式复学。之后，辅导员一直密切关注小艺的情绪变化。4 月初，辅导员请小艺吃饭，这期间小艺表达了对学业的焦虑，以及与刚谈不久的男友分手而产生的轻生的念头。辅导员观察到小艺的手腕处有割腕痕迹，立即向学院分管领导汇报，启动紧急预案。当晚，辅导员 24 小时陪护小艺，住在校内宾馆一楼的房间里。学院分管领导与辅导员分别联系小艺的家人，并建议小艺立即就医。4 月中旬，在小艺舅舅的安排下，辅导员护送小艺至机场，小艺再次回家休养。然而不久后，小艺自行返校。

5 月底的一天下午，小艺在朋友圈分享了一篇比较抑郁症和抑郁情绪的文章，展示了抑郁症的具体表现、抑郁症患者的现状以及对待抑郁症的常见误区等。当晚八时许，小艺在朋友圈发布"救我……"。辅导员看到之后，立刻与小艺取得联系，小艺坦言自己与朋友在一起。辅导员提出陪同小艺并送其回房间休息，小艺婉拒并表示想在外面待晚一点。十一点左右，辅导员再次询问，小艺表示自己和朋友在外面吃夜宵。辅导员请小艺通过微信发送当前定位，并一直以轻松愉快的语气与小艺聊天，稳定小艺的情绪，直到夜里两点，辅导员确定小艺回到校外租住的房间后才结束。

第二天上午十时许，因为考试临近，而小艺在学习方面又存在困难，所以辅导员邀请小艺到办公室，帮助小艺复习。小艺告诉辅导员，自己的状态很不好。辅导员邀请小艺一起吃午饭，陪小艺谈心。通过跟小艺谈心，辅导员获知，小艺这次复发是由于小艺自行停止服用治疗抑郁症的药。小艺发现吃药没有明显的效果，然而记忆力却出现明显的衰退，于是停止服药。小艺边哭边说："我都要放弃我自己了……"同时，辅导员发现小艺的手臂上有伤。小艺表示，这是她自己抓的（有自残的行为）。说到昨晚发生的事情，小艺说："如果昨晚没有我的三位朋友陪着我，我可能已经不在了……"（有轻生的念头）。辅导员带小艺回到办公室。之后，小艺邀请在酒吧里认识的同学 A 也来办公室。小艺拒绝辅导员陪护，希望和 A 在一起。辅导员遵照小艺的意愿，以轻松愉快的语气告诉她，晚上带她最喜欢的饮品去看望她。小艺离开后，辅导员设法与 A 的辅导员取得联系，获得 A 的联系方式，短信提醒 A 好好陪伴照顾小艺。辅导员又与小艺的舅舅取得联系，小艺的舅舅表示，小艺的表姐正好要来，届时将与小艺联系。学院分管领导密切关注事件的发展动态，与辅导员共同制订应急预案。

傍晚时分，辅导员为小艺购买了小艺喜欢喝的饮品，送到小艺的住处。小艺提出想去酒吧娱乐，辅导员建议陪她前往，遭到小艺拒绝。之后，小艺与其同班好友 B 去了酒吧。辅导员与 B 保持联系，确保始终有人陪在小艺身边。同时，辅导员联系了学校心理辅导中心、学院社会工作专业的老师，寻求专业的帮助。学校心理辅导中心的老师和学院社会工作专业的老师对小艺的心理和行为作出解读，建议辅导员在陪护的"黄金 48 小时"内，必须保证有人陪同，寸步不离。辅导员联系小艺的家人，询问他们的意见。小艺的家人表示，按照小艺本人的意愿进行安排，如果小艺不喜欢人陪同，就不要陪同。

次日，辅导员护送小艺与小艺的表姐见面。小艺与其表姐见面之后，并无明显的情绪变化，小艺的表姐也没有采取任何特殊的措施。在取得小艺的许可后，辅导员陪同小艺前往精神卫生中心接受检查。小艺与医生交谈时，表示不希望辅导员在场。谈话结束后，辅导员与医生进行交谈。医生告知，在抑郁症的九项症状中，小艺占其中的六条，而超过四条即可认定为较严重的抑郁症。医生建议小艺住院治疗。由于辅导员不是小艺的家人，无权查看小艺的病例。经与小艺和小艺家人的协商，小艺决定再次由辅导员护送回家，辅导员则为小艺办理了相关课程的缓考事宜。

一路上，小艺与辅导员详细讲述自己的高中生活及自己的家庭。回到家，见到家人后，小艺的状态良好。辅导员鼓励小艺，卸下心理包袱，不给自己太大压力。辅导员还与小艺的舅舅单独交谈，小艺的舅舅详细讲述了小艺的状况，辅导员告知小艺的舅舅需要注意的相关事项，提醒小艺的舅舅，必须及时带小艺复诊并尽好相关责任。辅导员还提醒小艺的家人，请小艺的家人督促小艺按时服药。同时，辅导员也积极帮助小艺解决暑期校外实习与学业课程的相关问题，指导小艺递交了延期毕业申请表，做好学业规划。叮嘱小艺与导师保持联系，认真完成毕业论文等。

**干预结果**

近两年,小艺的心理状态起伏非常明显,心理症状持续迁延,治疗不规范,家人监护不周全,导致危机频繁发生,给辅导员的工作带来了很大的挑战。但是,对于小艺的危机状况,辅导员及时到位,悉心陪护,使得多次危机状况都得到了有效的干预,并未酿成事故或造成重大伤害。

**经验分享**

小艺是有自伤、自残和自杀意念的抑郁症学生,经历了病情的反复,危机反复发生。然而,在学校相关部门老师的合力帮助下,小艺的危机状况未造成伤亡事故,且小艺最终步入正轨,这个过程实属不易。仔细梳理,有以下七个方面的经验可以分享。

1. 密切关注,掌握动态

采用线上、线下结合的方式,确保掌握当事学生的动态。线上主要通过微信等,关注当事学生朋友圈的内容,将当事学生设为置顶联系人,通过评论当事学生的朋友圈和主动问候等方式,保持与当事同学的联系,密切关注当事学生的即时状态。线下则采取陪护、相约一起吃饭、谈话等方式,了解当事学生的心理状况和用药情况,督促当事学生遵照医嘱,按时服药。

2. 联系家人,尊重意见

通过短信、电话等方式,与当事学生的家人保持密切的联系,多次提醒当事学生的家人,尽应尽的责任。通过家校合力,对当事学生的学习、生活进行指导。及时与当事学生的家人沟通当事学生的现状和变化,尊重当事学生的家人的意见。

3. 多方合力,共同支撑

除与当事学生的家人保持紧密联系之外,也与当事学生的导师、好友等沟通和联系。多方合力,共同支撑,帮助当事学生建立更完善的社会支系统。

4. 聚焦困难，着力解决

了解当事学生面临的困难和诉求，帮助当事学生解决实际的困难，例如，针对当事学生存在的学业困难，邀请当事学生的学长和学姐在考试之前辅导当事学生，与学院教务老师联络，帮助当事学生制订学分修习计划，手把手教当事学生办理相关手续。

5. 专业介入，积极咨询

与心理辅导中心的心理咨询师、社会工作专业的老师以及精神卫生中心的医生积极沟通，寻求专业的指导。按照精神卫生中心的专业诊断处理，关照当事学生遵照医嘱服药。

6. 综合干预，全程陪护

对于有自伤自杀风险的学生，必须第一时间启动24小时陪护模式，综合考量必要的干预手段，保证环境的安全，争取48小时内结束监护。

7. 保存工作记录，做好总结

在整个危机干预的过程中，要注意保存工作记录，保存相关的诊断书、病例的复印件，做好经验和规律总结的工作。

**案例点评**

在大学生群体中，抑郁症的发病率很高。然而，得到诊断和治疗的比率却相当低。对于学业任务繁重、同侪竞争激烈的大学生而言，抑郁症的危害性不言而喻。抑郁症不仅影响抑郁症患者主观的身心感受，也影响其学业、工作、交往等，给抑郁症患者带来全方位的低落、挫败、无力、无助等负面感受，严重者甚至会自伤、自杀。因此，对于抑郁症患者，必须及时识别和干预，以免发生重大伤害事件。

本案例中，当事学生的抑郁症没有得到系统、规范的治疗，当事学生自行中断药物治疗，造成病情迁延不愈，给当事学生的学习生活和辅导员的日常工作带来了极大的影响。好在辅导员在整个过程中采取了有力的措施,反复劝说当事学生并陪伴就医,发挥了很好的支持和推动作用。然而,无论如何,辅导员都无法全程监管学生服用药物的情况。因此,当事学生的家人的参与十分必要。因此,如果当事学生的家人能够陪伴并督促当事学生定期复诊,规范服药,那么当事学生的心理康复情况可能会更加乐观。

此外,当事学生休学返校之后,对其心理状态进行系统化和规范化的评估。除了推动当事学生接受规范的药物治疗以外,还要鼓励当事学生定期寻求心理咨询师的帮助,这有助于当事学生巩固其心理稳定状态,增强治疗和干预的效果。

## 20　系统观下的多方合作和双赢
——一例由重度抑郁症引发自伤危机的干预报告

小江（化名），男，某高校本科生。父母在其幼年离异，小江和母亲（监护人）共同生活。父母离异后，小江长期与父亲无联系。一年前，因为家人生病，小江通过姑姑开始与父亲家族的人联系。小江与母亲的关系紧张，对父亲亦有负面评价。

小江在学校的心理咨询中心接受了第一次心理咨询。第一次心理咨询后，因为小江要参加见习，长时间不能在学校，于是自己到校外的教育咨询机构接受心理咨询。见习结束回学校后，小江又在校内预约了一次心理咨询，由另外一位心理咨询师接待，做了一次心理咨询。后来，经过校外教育咨询机构心理咨询师的引荐，于当年3月到某三甲综合医院就诊，被诊断为中度抑郁伴焦虑、狂躁，服药治疗。

**危机发生**

当年4月，小江在撰写毕业论文时遇到了困难，辅导员和学院分管学生工作的书记了解情况以后，主动约谈小江。小江在和辅导员和学院书记谈话的过程中，流露出轻生的念头，有强烈的失败感和孤独感，学院书记追问小江是否有轻生的计划，小江表示对生活毫无眷恋，有具体的自杀方案（有明确的自杀地点和自杀方式），但并未实施。书记觉察有异，根据小江在学校的其他表现，综合进行分析，决定约谈小江的父母，同时联系心理咨询中心，请求对小江进行评估，参与危机干预工作，并将情况报告学工部和学校领导。

学院向学校心理咨询中心提出申请，心理咨询中心对小江进行评估后建议，小江不适合留在学校，必须立即送往医院接受治疗或由家人24小时陪护。

**危机干预**

在辅导员和学生干部密切关注小江情况的同时，学院及时联系并约谈小江的家长，并将情况上报学校职能部门和学校领导，在学校领导的指挥下，在咨询其他高校心理专家的建议后，各部门（校办、学工部、保卫处和学院）形成合力，共同制订危机干预措施，建议小江的家长立刻带小江到精神卫生中心接受诊断和治疗。

当天下午，小江的父母和姑姑到校，由学院出面，心理咨询中心老师陪同，劝说小江的父母立即送小江去相关医疗机构接受诊断和治疗，或将小江带回家，由家人24小时陪护。小江的父母表示，小江并无危险，但愿意接受学校的建议，接小江回家，只是对回父亲家还是母亲（监护人）家拿不定主意，并且对劝小江回家没把握。学院向学工部和分管副书记进行了汇报，根据领导要求，继续和小江的父母进行沟通。

由于小江的父母估计小江不会同意跟父母回家，当晚，小江的父母决定带小江去就医。在商议劝说方案时，小江的父母出现犹豫情绪。和小江的父母沟通无效后，心理咨询中心起草了一份《关于建议将小江立即送至相关专业医疗机构进行治疗的告知书》，学院进行修改完善，然后通过党委校长办公室，请学校法律顾问进行审核修改，最后请小江的父母签字。同时，派出所民警以警方身份出面，继续做小江的父母的思想工作，要求小江的父母承担起对孩子的监护责任。在这个过程中，保卫处安排相关的保卫力量，在宿舍旁边巡逻，关注小江的情况。

在这个过程中，小江并不知道父母来校，一直由学生干部陪护。据学生干部反映，小江情绪平稳，表示此阶段觉得学校最安全，只愿意待在学校。学校一方面加强保卫措施，一方面强化相关同学的安全意识，请相关同学随时关注、关心小江，同时说服小江的父母相信学校。据学生干部反映，小江不想见父母，也不相信父母。

凌晨，经过讨论，学校决定由学院书记、辅导员、专职的心理咨询师共同到寝室和小江谈话，由心理咨询师建议，让小江到精神卫生中心就诊。同时联系精神卫生中心的医生，请精神卫生中心为小江开通绿色通道。

谈话过程中，小江同意第二天上午由姑姑陪同去精神卫生中心就诊。小江也同意将校外的教育咨询机构的心理咨询师的联系方式给学校专职的心理咨询师。小江的父母由学校安排，住在学校生活园区附近的酒店。

第二天上午，根据同学汇报，小江自行离开宿舍。学校老师马上赶赴宿舍区，安排同学寻找小江的下落。了解到小江在学校附近某商业区后，学院书记、专职心理咨询师和小江的姑姑共同去商业区寻找。

到达商业区，找到小江后，小江表示，因为宿舍四周有保安，感觉自己不安全，要求学校道歉。学院书记当场向小江表示歉意，安抚小江的情绪。在这种情况下，小江同意跟老师和姑姑一起去精神卫生中心。

到达精神卫生中心时，学工部相关领导已在医院等候。小江的父母和辅导员也到达医院。由小江的姑姑、学院书记、专职心理咨询师、学工部领导陪同小江就诊。小江的父母和辅导员在医院一楼大厅等候，准备办理后继手续。

精神卫生中心的医生诊断，小江有重度抑郁症，建议小江立即入院，接受治疗。在办理住院手续过程中，小江的母亲（监护人）离开医院，由小江的父亲为当事人办理住院手续。下午4时，小江顺利住院。

学校专职的心理咨询师联系了小江在校外的教育咨询机构的心理咨询师，向他了解小江最近的情况，取消了小江的下一次心理咨询预约。

**干预结果**

小江顺利住院，接受专业的治疗。学院撰写《关于某某学院某某级本科生某某突发事件处理的情况说明》并存档。学院帮助小江完成学工信息网的请假手续,提交毕业论文延期答辩申请,联系毕业课题指导老师,并与小江的家长保持联系。

小江住院一段时间后,学院书记收到小江父亲的短信,对学校和老师表达了真诚的谢意。一个月后,相关老师到医院探望小江。小江的情况明显好转,并对老师表达了深深的感谢。

当年6月,小江出院。学院撰写《关于某某学院某某级本科生某某出院返校的情况说明》并存档。小江到学院报到时,精神面貌佳,情绪状况好。鉴于小江仍在药物治疗阶段,学院建议小江走读,由小江的监护人照顾小江的日常生活和就医诊疗,并提醒小江出院后遵医嘱服用药物。当年6月,小江顺利毕业并找到工作。

**经验分享**

本案例得到有效的干预,主要有以下三方面的经验可以分享。

1. 全员育人,遵守法律,尊重科学

本次危机中,相关老师的心理健康知识扎实,在心理危机的萌芽阶段就有明确的意识,采取了正确的举措。学院书记对心理危机有了解,有觉察,有敏感性,学院和各职能部门对心理危机有担当,能够马上联系当事学生的家人,联合其他资源,启动危机预案。这是尊重科学,全员育人的体现。在危机干预过程中,学校起草《关于建议将小江立即送至相关专业医疗机构进行治疗的告知书》,并请学校法律顾问审核修改,向当事学生家长给出明确的"建议当事学生入院接受治疗"的建议。在当事学生母亲离开医院后,提议由当事学生父亲帮助当事学生办理住院手续前。请学校法律顾问把关,询问学校法律顾问意见,这是遵守法律的体现。

2. 建议家庭共同决策,将当事学生的利益最大化

在此案例中,当事学生父亲和母亲(监护人)意见不一致,双方商议由母

亲（监护人）带当事学生去医院，父亲回家。学校老师见此情景，考虑到这种情况下，当事学生家人难免会存在情绪不稳、怀疑犹豫、畏惧决策风险等心理，个人决策容易偏激，建议由当事学生的姑姑劝说当事学生父亲留下，父母共同赶赴医院。最终商议结果，由辅导员和当事学生的母亲陪同，当事学生的父亲先回家处理个人事务，然后三人再去精神卫生中心。

根据当事学生家庭的情况，在有关当事学生切身利益的决定当口，学校建议由当事学生的家人共同到场，商议决策，避免了由某位家人决策造成当事学生利益受损。事实证明，如果按照原本当事学生家庭的商议结果，当事学生的父亲回家，当事学生的母亲去医院，后期当事学生的母亲拿着当事学生身份证独自离开精神卫生中心后，整个局面将陷入僵局。

3. 工作细致，真诚待人，赢得当事学生和当事家庭信任

辅导员工作细致，未雨绸缪。危机发生一年以前，辅导员就一直密切关注当事学生的情况，将其作为重点关爱对象，在学习、工作和情绪上给予帮助，并及时联系当事学生的父母，就其家庭关系问题和心理中心老师作过讨论，在平时工作例会向领导汇报有关情况。当事学生在整个危机过程中不愿意见父母，但愿意向同学倾诉，愿意相信学校老师，即便是第二天，因为发现有保安巡逻，当事学生向学校投诉，在得到了老师的真诚道歉后，当事学生仍然决定相信老师，请老师和自己一起去医院，当事学生对于学校的信任是极大的支持和资源，这与之前学校的工作基础是分不开的。

危机发生的第一天晚上，学校安排当事学生的父母住在酒店，学校特地预定了两间房间。在第二天去精神卫生中心的出租车上，当事学生特地询问了其父母晚上休息场所的问题，得知学校作了妥善安排后，当事学生到医院将随身携带的匕首交给了老师，老师收下了这把匕首，也代表学校收下了学生给的这份信任。

当事学生入院后，鉴于当事学生除了毕业课题之外，已经完成所有学分，学院对当事学生的毕业答辩时间进行了调整，对其后继的毕业问题作出妥善安排，帮助其顺利毕业，并成功踏上工作岗位。整个危机的处理过程中，学

校老师真诚待人，真心为学生着想，为当事家庭着想，获得了当事学生和家长的信任和肯定，最终保障了危机事件的顺利处理。在未来的工作中，学校将进一步完善校园危机预警和处理系统，为保障校园安全作出应有的贡献。

**案例点评**

本次危机处理的顺利进行，源自学生和家庭的信任，源自学校领导的有力指挥，源自校内各部门的团结协作，源自一线工作人员辛勤付出，源自其他高校心理中心、高校派出所、精神卫生中心等单位的相关领导和专业人士、专业法律顾问的鼎力支持。在系统各方的共同合作下，当事学生的生命安全得到保障，健康得以恢复，最后顺利踏上工作岗位，成为对社会有用的人。

协同各方力量共同保障学生安全和校园稳定，一直是校园危机干预工作中的重点。本危机干预过程中，学校及时启动预案，各方资源合作。学院在发现危机事件的第一时间就向学校分管党委副书记汇报，在党委副书记的直接领导下，校办、学工部、学院、保卫处各部门形成合力，共同参与。学工部部长、学院副院长、学院分管副书记当夜一直在一线指挥、参与工作。可以看到，校方第一时间启动了校园危机预警和处置系统，并最大程度发挥了系统的力量。其中，同学发挥协助作用也非常重要。工作前半部分，由与当事学生同宿舍的同学担当守护者的角色；中间部分，是同学想办法联系到了当事学生，得到了其所在位置信息，并在工作过程中，一直担当倾听者和安慰者的角色，学生网络在工作中起了重要作用。

除了校内资源，本次危机还邀请和咨询了其他高校心理中心、高校派出所、精神卫生中心等单位的相关领导和专业人士、专业法律顾问、当事学生家族的其他亲戚共同参与到事件处理过程中。

## 21　与抑郁同行

——一例由毕业前重度抑郁症引发自杀危机的干预报告

小莫(化名),男,大学四年级学生。小莫生长于一个普通的城镇,母亲是一名中学老师,父亲是一名普通的企业职工。小莫一直和父母生活,没有与父母分开过。小莫的家庭物质条件一般,小学到初中的成绩还可以,高中时参加了一个全国性的学科比赛,取得了非常好的成绩,保送到了现在的大学。

上大学后,小莫和两个高中同学保持联系,与他们讲讲心里话,和同宿舍的同学也相处不错,曾经谈过一个女朋友,后来分手了。虽然小莫不喜欢自己的专业,但是由于保送和入学后成绩的原因,他并没有换专业。大学三年级的时候,小莫参加了一个网络 app 的制作比赛,获得了去一家计算机类公司实习的机会。大学的前三年,小莫没有寻求过心理咨询的帮助。

**危机发生**

9月的一天,心理咨询中心的助理给心理咨询师一张预约表格,心理咨询师注意到表格的自我描述中写着:"失眠比较严重,身体小毛病不断……对什么事都不感兴趣,觉得活下去没有什么意思,无缘无故想哭。"同时,在《心理健康状况调查表》中勾选了"想要结束自己的生命"等一系列抑郁表现的选项。看到这些,心理咨询师马上让助理给表格填写者小莫打了电话,问他什么时候能来接受心理咨询。

第二天,心理咨询师在心理咨询室中第一次见到小莫。小莫穿了一件普通的 T 袖，像是没睡好的样子，一进来坐下，就把两只胳膊放在两个人之间的小桌上，好像累得无法支撑自己身体的样子。小莫说话的时候语速非常慢，头低垂着，偶然抬头看一眼心理咨询师，似乎很悲伤，但是没有掉眼泪。

小莫告诉心理咨询师，他刚从实习单位回来，就像表格上写的那样，自从这个学期开学，他遇到了一系列不顺心的事情，论文分组没有老师愿意接收他，他到处找老师，心里非常着急。最后，终于有一个老师同意指导他论文，但他没有感到丝毫欣喜，似乎有些无奈和生气。实习单位看中小莫的实践能力，老板对他也不错，可是每天要乘地铁去比较远的地方上班，下班时别人不走他也不好意思提前走，每周上 6 天班，这让他疲惫不堪，似乎上班也没有什么事情可做，每天乘地铁也让他痛苦不已。在地铁上，小莫感觉自己想跳下去，憋闷得不行。每天睡不着，小莫的脖子上有一些明显的红色斑块，他告诉心理咨询师，他很容易过敏，而且拉肚子，他的情绪非常低落，什么事情都提不起兴趣。

当小莫感觉到情绪很糟糕的时候，他曾向高中同学诉说，他的高中同学提示他这是抑郁，因为他这个朋友因抑郁症正在服药，于是他建议小莫寻求心理咨询的帮助。心理咨询师仔细询问后，评估并判断小莫可能处于严重的抑郁状态。心理咨询师问小莫是否有自杀的念头，小莫告诉心理咨询师有这个想法，他不想活下去了，并清楚地告诉心理咨询师，他想从学校综合楼跳下去，而且他乘地铁上班的路上也感觉非常不好，总想结束自己的生命。

**危机干预**

第一次心理咨询的时候，心理咨询师全面了解了小莫的情况，为了保证小莫的生命安全，打破了心理咨询伦理中有关保密的约定，向学校报告并启动应急预案。心理咨询师告诉小莫："因为你在咨询中谈到想要自杀的情况，我要打破保密的约定，向学校报告这个情况。"小莫表示同意。心理咨询师继续向小莫说，现在他非常需要帮助，除了向学校报告，还要联系他的家长，后续还要去医院接受诊断和治疗，小莫表示同意和理解。在心理咨询过程中，小莫呈现一种无力和无助的状态。

为保证小莫的安全，心理咨询师让心理咨询中心的助理陪着小莫，自己则向学校作了报告。学校找到另外一名专职的心理咨询师，和小莫交谈，进一步了解情况。接下来，学校通知了小莫的辅导员、所在学院的相关领导和家长，并联系了某医院的精神科医生，安排小莫第二天去医院就诊。

心理咨询师再次见到小莫时，小莫依然把两只胳膊放在桌子上，脸上一点表情都没有，说话的语调始终平缓而无力。在心理咨询室，小莫告诉心理咨询师，上次心理咨询后，他去了医院，排队和等待的时候他非常痛苦，甚至在医院楼梯拐角的地方有了跳下去的冲动。听到小莫这么说，心理咨询师判断小莫的情况在加速恶化。于是，心理咨询师请助管陪着小莫，自己马上联系了小莫就诊的精神科医生，询问了小莫的详细情况。医生告诉心理咨询师，小莫已经被确诊为重度抑郁，医生详细说明了小莫的自杀风险。电话结束后，心理咨询师马上电话通知了心理咨询中心分管相关工作的专职心理咨询师和咨询中心主任，在咨询中心的安排下，开始有专人24小时陪同小莫。

两天后，心理咨询师见到了小莫的妈妈，还没有开口，小莫的妈妈眼泪就止不住地流。小莫的妈妈难以接受这个突如其来的情况，她说她的工作非常忙，好不容易请假来这里。她不停地说："这不是真的，我的儿子没有抑郁，只是性格问题。"心理咨询师向小莫的妈妈介绍了小莫的情况，并和她谈到小莫在某医院精神科的诊断。心理咨询师询问小莫的妈妈有什么打算，小莫的妈妈表示，打算带小莫回老家治疗，如果需要住院可以住在当地的医院，她有个朋友是心理咨询师，她会和这个朋友讨论小莫的情况。心理咨询师告诉了小莫的妈妈，小莫有较高的自杀风险，具体情况建议她和小莫就诊的精神科医生联系后了解，回家后也要加强防护。

过了一天，心理咨询师收到了小莫和小莫妈妈的短信，他们回老家治疗并办理了休学手续。

**干预结果**

第二学期开学后,心理咨询师收到了小莫的短信,说他已经回到学校了,希望继续接受心理咨询。半年没见,小莫胖了,心理咨询师了解到小莫并没有住院,而是坚持服用药物。由于在家里待着没有事情,所以小莫回到了学校,但这次回校并不是正常复学,只是回学校宿舍住,这个细节引起了心理咨询师的高度注意。由于小莫的同学正面临毕业,可能没有人会关注他的情况,于是在心理咨询中,心理咨询师告诉小莫,由于他的抑郁症和服药的情况,他必须主动告诉所在学院的老师自己已经返校,小莫同意了。心理咨询结束后,心理咨询师联系了负责小莫所在学院心理工作的老师,告知了有关情况。

从那时开始,小莫坚持每周进行一次心理咨询,同时一直服用药物,积极去医院复诊。心理咨询师一直在咨询中关注并了解小莫的服药情况,心理咨询一直持续到小莫毕业,这期间,小莫的情绪有过两次非常大的波动。然而,经过一年半的努力,小莫以惊人的毅力考取了跨专业的研究生,顺利毕业离校。

**经验分享**

回顾这个危机个案发生和发展的过程,有以下经验可以分享。

1. 建立家校防护"网"

心理咨询师评估发现小莫的危机状况后,马上了解情况并建立一个家校防护"网",将小莫保护起来。当然,在危机处理过程中,也有一个疏漏。小莫去医院的时候,辅导员问小莫是否需要人陪同,小莫说不用。然而,事后小莫向心理咨询师描述,在医院就医时他非常想结束自己的生命。所幸没有发生危险,但这提示我们,对于有抑郁风险的危机个案,需要加强防护,以免发生危险。

2. 学校和医院的配合

学校和医院的配合有助于心理危机干预工作的顺利开展。心理咨询师与医院的精神科医生保持联系和沟通,对于了解小莫的详细诊断,明确处理方案有很大的帮助。

**案例点评**

小莫的抑郁症发生在毕业前期,实际发生时间可能更早。在后续心理咨询中,小莫谈到了自己的成长经历和家庭背景。小莫的家庭条件普通,父母之间有争吵,但并没有任何对小莫的成长有重大影响的事件,似乎难以找到一个现实的与成长经历或家庭背景有关的原因。小莫休学返校后告诉心理咨询师,他在家乡的医院做了一系列检查,其中一项生物指标明显异常,他自己调侃说可能他生来就有这个问题。心理咨询师没有看到这个检查结果,但是在之后近20次的心理咨询中,小莫描述以前的生活事件时,几乎没有提到一件记忆中的美好、快乐、愤怒或狂躁的事情,好像一切都平淡无趣,当然,这可能与小莫服药有关,心理咨询师推测他的抑郁可能有先天生物学的原因。

在心理咨询中,小莫和小莫的妈妈告诉心理咨询师一件事情。高中毕业后,因为小莫已经被保送大学,所以小莫决定做一件冒险而有意义事情,他要从家乡出发,用搭顺风车的方式经过四个中部省份到内蒙古的一个城市。小莫这么做了,也成功到达了目的地,然后坐火车回家。当谈到这件事情的时候,小莫有些难过和失落,他告诉心理咨询师,整个过程挺困难的,仅此而已。小莫的妈妈谈到这件事情的时候,心理咨询师感到她有明显的不屑,说这就是小莫一时兴起,甚至有些悻悻地说:"最后还是坐火车回来了!"这让心理咨询师感到很难过,或许难过也是小莫的内心体验。小莫谈到另外一件让他反感的事。由于小莫成绩优秀,小莫的妈妈经常拿他炫耀,让他参加自己的同事聚会,还让他有礼貌地和每个叔叔、阿姨打招呼,这让小莫非常不满。从叙述中,心理咨询师还发现,在家庭关系中,小莫的妈妈对自己平庸的丈夫有很多不满,同时和自己的儿子也缺乏情感上的交流。说到父亲,小莫的描述是整天傻乐。在这样的家庭中,一方面小莫缺乏支持、鼓励的环境,另一方面是小莫感觉自己成了满足母亲自恋需求的工具,感觉生活空虚而无意义,从而陷入缺憾、空虚和绝望中。

在心理咨询工作中,心理咨询师发现,毕业前夕是学生心理问题多发的时间段,小莫的抑郁也是在毕业前夕这个时间段发生的。论文分组没有老师愿意接收他是一个应激事件,小莫感觉自己似乎被拒绝了;实习虽然顺利,但每天乘地铁这个接触现实的方式,让他感到无比恐惧,就好像一个孩子突然被扔到了人潮中,他惊恐万分,感觉自己是一个还没有建立安全基地的孩子,现在却要被抛弃了,所以他选择"杀死自己"。

在本案例中,心理咨询师还注意到小莫抑郁的另外一面是巨大的愤怒。小莫喜欢一档美国自由拳击节目,里面有非常血腥和暴力的场景。这隐含了另外一种可能,小莫把内心的愤怒投射到这样一个暴力的电视节目上了,当然并没有迹象表明小莫本人也有现实的伤害他人的危险。

综上所述,毕业前夕是学生心理问题的高发期,很多来自家庭和个人的困难,在毕业这个时间点被激活了。这提示心理咨询工作者,毕业前夕的学生心理工作非常重要,要及时发现并处理学生的心理危机。

## 22　在荆棘中绽放的花朵

——一例由双相情感障碍引发自杀危机的干预报告

25岁的小芳(化名)是研究生二年级学生,因暑假期间躁狂发作,在宿舍出现摔东西、打人的情况,小芳所在学院的老师带她去精神卫生中心就医,被诊断为双相情感障碍。小芳回家服药治疗,开学后,小芳的辅导员推荐小芳来心理咨询中心预约咨询,小芳也自愿并主动来预约了。第一眼看到的小芳清瘦、秀气,穿了一件白毛衣(在初秋的气温下显得有些厚),面色苍白,有虚汗,语速缓慢,有停顿,面部抽搐,努力集中注意力。小芳自述,为了咨询时能说清楚,中午专门喝了咖啡。

小芳家在农村,排行老大,有妹妹和弟弟。父母关系不好,经常打架,父亲暴力,小芳七八岁时,小芳的母亲被打,离家出走,小芳和弟弟妹妹在家里被打,在外面被别人侮辱(说小芳的妈妈出去做"那种事"了)。小芳的妹妹18岁时自杀(为反抗父母,小芳的妹妹早婚早育,后来有外遇,被发现后自杀),小芳的弟弟现已成人,在外打工。小芳初中时曾被人性侵,小芳的母亲默认,小芳理解母亲是为了生存,很恨母亲但又恨不起来。小芳认为自己是双性恋,和一个女孩在大学谈过恋爱,以往的经历使小芳对婚姻产生恐惧,不敢和男生交往。现在有一个男友。男友追求小芳半年,因小芳这次发病,男友关心小芳,小芳才同意和他交往,现在交往一个多月,但因为小芳或躁狂或抑郁,因此两人相处并不顺利。现在小芳的父母长期分居,但没离婚,小芳也不理解为何。现在主要是小芳的母亲管小芳和小芳的弟弟。小芳经济拮据,与父亲的联系很少。读研后,小芳的生活来源主要是自己代课和打工。

小芳的母亲始终不承认小芳有病，这次暑假回家，小芳的母亲不让小芳吃药，几天后，小芳发病把家砸了，才又开始吃药。

本科期间，小芳出现过亢奋暴力打人和自杀未遂等事件。在大学心理咨询中心咨询时，被误认为心眼小，不够开朗。小芳去当地小镇就医，服百忧解后呕吐，小芳母亲让其停药。研究生一年级刚开学时，小芳出现无法走路、喘不过气等症状。小芳在朋友的建议下，去精神卫生中心就诊，被诊断为中度抑郁，一直服药。研究生一年级期末，小芳出现亢奋、过度自信、不睡觉但精力充沛等症状，后又出现抑郁症状，就医时被诊断为双相情感障碍，服药，医生建议进行电击治疗。

心理咨询过程中，小芳面部抽搐、手抖、持续头痛，小芳说这些症状从初中时就已经开始。研究生一年级时，小芳出现视力模糊的症状，一直持续至今。在心理咨询时，小芳只能看到心理咨询师的轮廓，近处可看清字，经过检查却没有发现器质性病变。当年暑假，小芳出现阅读障碍，无法看书，不能理解所读内容，担心自己不能毕业。小芳有时会突然晕倒，略有意识，几分钟后会自然清醒，但是醒来的时间越来越长。现在小芳说话时有时会出现短暂性遗忘，经常做噩梦，梦到原来被追打的场景。小芳的家族有精神病史，小芳的奶奶是路边捡来的疯疯癫癫的女人，小芳的父亲性格孤僻，不与人交往，非常暴力。

**危机发生**

在心理咨询过程中，小芳一直面带微笑，平静地讲述自己伤痕累累的成长经历。在讲述那些被打、被性侵、妹妹自杀等事件时，小芳没流一滴眼泪。心理咨询师真实反馈了自己的感受："听这些，我好心疼你，这么难你是怎么过来的？那么不容易！"当心理咨询师好奇地问："听你的成长经历，我感觉其实你有很多伤痛，但我看到你会笑着和我说，好像在说别人的故事，不知怎么理解？"小芳低下头，眼角飘过一丝红晕，说母亲打自己时不让哭，只让笑，渐渐自己就麻木习惯了。现在也无所谓了，现在的每一天都按最后一天过，自己会把座位收拾得干干净净，以便真的走了别人来收拾遗物时看到的是一个干净美好的女孩。

听到这么明显的危机信号，心理咨询师立即将咨询转入危机评估和危机干预进程。心理咨询师从小芳的自杀行为倾向入手，从有无突发事件或压力、症状的表现、是否存在无望感、自杀想法的本质、过去的自杀行为准备、冲动性及自我控制、保护因子等情感、认知和行为方面，对小芳的危机情况进行风险评估。

评估发现，小芳经常有自杀的想法，还尝试过自杀，发病时会觉得生活很绝望，曾站在学校正装修的高楼顶层，想要跳下去，觉得那些花草在向自己招手，跳下去就不那么痛苦了。当时接到了妈妈的电话，好像醒了一样就自己走下来了。小芳答应妈妈，不会死在妈妈的前面，但发病时又无法控制自己想自杀的想法。最近小芳处在抑郁状态，在夜深人静、孤独难眠时会站在宿舍阳台上想跳下去。小芳的自杀倾向其实并没有具体的原因，就是觉得对自己的人生很绝望，不想在要么躁狂要么抑郁的起伏波动中痛苦地活着了。

小芳有自杀自伤史，大学时有过割腕自杀的经历，当时处于抑郁状态，没有朋友，妈妈不理解也不接受小芳有病，小芳感到孤独无望，后被同学及时发现抢救回来。后来小芳也有过自伤行为，手腕可见依稀的伤痕。小芳躁狂发作时会出现摔东西、吵架，甚至打人的冲动，但目前对自杀还有自我控制的意愿，还对生活存有一丝希望，对妈妈有承诺，只是担心抑郁发作时控制不住。

小芳的支持系统薄弱，最在乎小芳，对小芳又爱恨交织的妈妈知道小芳轻生的想法时也很无奈，只是说"你死吧，你死了我也死给你看"，或是训斥小芳自私，小芳得不到真正温暖的支持。刚交往的男友完全不理解小芳，看到小芳的情绪波动只怪小芳想太多，好像更多的是想偷吃禁果。小芳和同门相处疏离，和室友也关系不佳，时有矛盾发生。小芳觉得她们认为自己很怪，不能理解自己,有点排斥自己。

**危机干预**

在心理咨询过程中,心理咨询师获得小芳的危机信号后,立即对小芳的危机情况进行风险评估,启动学校制订的危机干预流程。

1. 心理咨询中的处理

首先,心理咨询师先稳定小芳的情绪,评估现状,判定性质。根据小芳双相情感障碍的诊断和自杀的风险,以及薄弱支持系统,心理咨询师评估小芳心理危机的风险较高。心理咨询师把评估结果和对小芳生命安全的担心如实告知小芳,与小芳签订了《生命契约书》,请小芳承诺不自杀,并帮助小芳调动资源,渡过难关,同时将心理咨询师的联系方式提供给小芳,说明仅在危机时使用。《生命契约书》一式两份,心理咨询师和小芳各保留一份。

心理咨询师还与小芳讨论了就医用药的问题,叮嘱小芳继续服药,不要擅自停药改药等。告知小芳保密原则的例外情况,以及心理咨询师将与小芳所在学院沟通,共同保障小芳的安全,小芳同意。心理咨询师解释了家族史和成长经历对人的影响,对小芳内心的矛盾表示理解,并与小芳商讨了心理咨询的目标和后续的心理咨询方案。心理咨询师耐心倾听,与小芳形成共情和理解,渐渐地,小芳低落、绝望的情绪有所改善,在咨询后的反馈表中也表示咨询有收获,感到心理咨询师很亲切,值得信任,感谢心理咨询师的聆听和对安全的安排。

2. 心理咨询后的处理

心理咨询结束后,心理咨询师立即向心理咨询中心的领导汇报了小芳的危机情况,组建危机干预团队。心理咨询师也与小芳所在学院辅导员电话沟通,通报了小芳的风险情况,提出请学院密切关注小芳的情况,做好安全监护,加强危机预防,必要时与小芳的家长沟通,通知风险,请小芳的家人提供家庭支持。心理咨询师提醒辅导员,小芳与其母亲的关系较复杂,沟通的目的是使家长多给予心理支持，是助力而不是阻力。

**干预结果**

危机干预后，后续的心理咨询进行得非常艰难。前几次心理咨询，小芳的情绪处在崩溃的边缘，与男友、室友的关系，自卑情结，噩梦等都让小芳的情绪跌到谷底。每次心理咨询，心理咨询师都会评估小芳的情绪状态和自杀风险，了解小芳就医和用药的情况。评估结果显示，小芳没有再出现自伤和自杀的行为，即使小芳在抑郁非常严重，想放弃的时候，还是心存希望坚持下来。

后续的心理咨询中，心理咨询师与小芳一起探索家庭关系对小芳的影响和亲密关系中的界限，帮助小芳处理与父母的分化；一起探索梦的意义和功能，帮助小芳找寻"我是谁"的答案；一起回看小芳成长中的创伤和阴影，努力减少负面影响，并看到积极的意义，从"放弃"变为"放下"。心理咨询师给小芳布置家庭作业，请小芳记录自己的情绪，帮助小芳学习情绪管理和表达的技巧。心理咨询师还与小芳一起讨论人际关系的问题，解决现实中小芳与男友、室友的关系。经过20多次心理咨询，虽然小芳的身心情况还是时好时坏，有时出现躁狂表现，觉得自己精力无限，有时又被抑郁笼罩，精力不济，但小芳轻生的念头不会频繁出现了，也逐渐接受自己患双相情感障碍，以及可能终身带病服药的无奈事实。小芳逐渐放下了对父母的期待以及与母亲爱恨交织的纠缠，准备为自己的人生负责。小芳果断与不适合的男友分手，后来结识了更真心爱护自己的男友，感受到爱的滋养。小芳的状态好转后，开始读文献，写论文，为毕业做准备。心理咨询的时间间隔也渐渐从隔周改为隔月。

**经验分享**

回顾整个心理咨询的历程，小芳最初消极、苍白、清瘦，后来日益健康、靓丽。心理咨询师见证了小芳在布满荆棘的道路上成长起来，不屈服于命运和疾病，努力挣扎，慢慢绽放的过程。总结心理咨询过程的点点滴滴，有以下心得和收获值得分享。

1. 积极关注、共情和真诚是心理咨询的重要基石

积极关注、共情和真诚是罗杰斯提出的心理咨询关系的三要素，是心理咨询过程的重要基石。在心理咨询过程中，心理咨询师积极关注小芳，倾听小芳的倾诉，真诚给予反馈。在心理咨询过程中，小芳有强烈的自责、贬低和自我否定的倾向，心理咨询师对小芳进行深度共情，耐心陪伴。心理咨询师及时进行危机干预，与小芳一起签订《生命契约书》，与小芳一起讨论可以做什么，不可以做什么，可用的资源有哪些以及出现危急的情况要怎么办。小芳后来反馈，她感受到心理咨询师对她生命的尊重和对她这个人的真正爱护，而她又怎能轻易放弃呢！

2. 相互信任的咨访关系是助力

首先，小芳信任心理咨询师。正是因为这份信任，小芳才愿意开放地将她生命中那么多伤痛的、隐秘的情感、秘密与心理咨询师分享，与心理咨询师一起探索生命之旅，让心理咨询师见证她的努力、坚韧、不屈和绽放。

其次，心理咨询师也信任小芳。心理咨询师始终相信小芳身上拥有资源和潜力——她的努力和韧性。心理咨询师赞叹小芳在这样恶劣的成长环境下还能考上研究生。小芳听到心理咨询师的赞叹，眼神开始闪亮起来，讲述起自己的努力和成绩。虽然在危机干预后心理咨询师依然有担心，但心理咨询师也看到小芳依然对生命和生活存有希望和牵挂，小芳愿意主动咨询进行自救，她从小就有努力生存的坚韧精神，就有对家庭和父母的期待与牵挂。尽管小芳的风险评估不低，但心理咨询师依然相信小芳的承诺，相信小芳顽强的生命力，相信小芳会是那朵在荆棘中努力绽放的花。心理咨询师的信任让小芳感受到了心理咨询师的支持和不离不弃的陪伴，小芳也更加努力进行自救了。

3. 医教结合、专业督导、团队支持是保障

建立常规化、规范化、制度化和互相支持的医教结合长效合作机制，在心理危机干预方面尤其重要。心理咨询师在整个咨询过程中有多种情绪反应，在听来访者讲述自己的创伤和经历时会有深入骨髓的伤与痛，有沉重、难受、愤怒等感受，有无法推动的自我怀疑和困惑，而定期邀请精神卫生系统的专家给予专业督导，以及与专业同事进行讨论，可以帮助心理咨询师答疑解惑，找到盲点，树立信心，更好地帮助来访者。

4. 多方联动是资源

危机干预的顺利进行离不开心理咨询中心、学院、家庭和医院多方联动，共同协作。本案例中，心理咨询中心获悉小芳的危机情况后，及时与小芳所在学院进行沟通，学院相关老师调动和运用学校及学院资源，协助小芳解决就医问题，同时为小芳提供一定的经济补助，解决了很多现实困难。小芳的家人也承认和认真对待小芳的病情，表达了对小芳的关爱。医院医生指导并规范小芳用药，这对控制病情很有帮助。

**案例点评**

双相情感障碍，也被称为躁郁症，是一种以情感异常高涨或低落为特征的精神障碍性疾病，病因尚不明确，兼有躁狂和抑郁两种状态，可在同一病人身上间歇交替反复发作，也可以一种状态为主反复发作，具有周期性和可缓解性，间歇期病人精神活动完全正常，一般不表现出人格缺损。因双相情感障碍的抑郁发作期症状与单相抑郁症相似，且大部分患者是在抑郁期就医，因此双相情感障碍很容易被误诊为抑郁症。双相情感障碍的治疗也比单相抑郁症更复杂。现在高校中被诊断为双相情感障碍的学生在增加。

本案例发生危机时以抑郁状态为主，后来抑郁和躁狂快速交替出现，频率越来越高。虽然小芳的危机情况尚在可控范围，但小芳病情反复，危机信号频现，非常考验心理咨询师的能力。从这个危机干预案例中，我们收获了

一些心得和感悟，经过反思，也发现一些不足和困惑。

1. 对于有明确诊断的心理疾病患者，心理咨询师工作的界限在哪里？

虽然心理咨询师对个案的难度有一定的思想准备，但是本案例的咨询难度和案例情况的复杂性还是令心理咨询师倍感压力。小芳是发作期的双相情感障碍患者，原则上说，心理咨询师没有给她咨询的资质，但又不能"见死不救"，撒手不管。心理咨询师工作的界限在哪里？目前没有现成答案，只能摸索中进行。本案例中，心理咨询师把自己定位为不一定能改善症状，更多是防护危机，耐心陪伴，然后尝试探索可能影响症状的心理因素。事实证明，来访者受成长经历、家庭关系的影响，心理咨询师采用家庭治疗的心理咨询取向，从与父母的关系入手，也是有帮助的。

2. 如何在危机干预中调动家庭的资源，使家庭成为助力而不是阻力？

家庭是学生危机时的最大资源，但有些危机事件，家庭可能是导火索而不是灭火器。对于处在自杀风险中的大学生，需要告知家长，请家长协同干预处理，因此心理咨询师与家长进行恰当、有效的沟通就很重要。在本案例中，小芳的母亲是对小芳影响很大的重要他人，小芳对母亲既爱又恨，既想分离又不舍得分离；小芳的母亲对小芳也是矛盾的，既关爱又恶语相向。在危机干预时，心理咨询师没有与小芳的家长直接沟通，而是通过学院与家长进行了间接沟通。心理咨询师更多是在心理咨询室与小芳共同探讨母女关系和应对方式。现在反思，也许心理咨询师与小芳母亲直接沟通，获得家庭资源的支持，对小芳更有帮助。

# 第四篇　精神病性障碍及其他

　　青壮年时期往往是多种精神疾病高发的时期，大学生正处于这个年龄阶段。由于社会—心理—生物等多方面因素的影响，一些大学生可能出现一些精神病性障碍，有时甚至罹患精神分裂症，不仅严重影响学业，还给自身安全带来很大隐患。此外，一些进行性的、严重的身体疾病，也可能引发学生产生自我伤害或轻生的意图，威胁学生的人身安全。

## 23　学生失联后重返校园
——一例由突发精神分裂症引发危机的干预报告

小王（化名），男，上海某高校本科生。父母务农，哥哥大学毕业，已就业。父母对小王的期望值高，家教严格。小王性格内向，不喜欢社交，平时喜欢待在寝室，一般只和宿舍的同学交往。小王学习态度认真，但学习成绩一般，有2门挂科。无心理疾病史，无心理咨询经历。

### 危机发生

8月下旬，小王参与学院组织的为期两周的集中实习，去外地某工厂。8月25日下午，小王给辅导员打电话，辅导员发现小王存在心理异常。辅导员在与小王对话的过程中发现，小王语速缓慢，反应迟缓，一个简单问题，需要反复问多次，小王才吱吱呜呜地回答。小王说自己相信一个迷信，迷信的名称为"qiulong"（拼音）。小王说这个迷信在同学中非常流行，身边很多同学都相信这个迷信。小王语言表达混乱，包含不符合逻辑的内容，疑似存在精神障碍。辅导员随即与小王的哥哥联系，沟通有关情况，然而并未引起小王的哥哥的重视。小王的哥哥认为，小王近期考研，学习压力较大，心情不好，无心理问题。

辅导员将小王的情况向学院分管领导做了汇报，学院分管领导要求辅导员做好小王可能存在心理问题的准备，并请辅导员立刻与小王的哥哥联系，请小王的家人赶赴小王的实习地，与学校一起评估和处理小王的事情。同时，学院实习的带队教师和同行的学生干部密切关注小王的情况。当晚，带队教师、同行的学生干部和小王的室友找小王聊天，并未发现任何异常，只是发现小王的话比较少。

8月26日早晨，小王没有按时参加理论知识学习，带队教师发现后立刻到他房间查看。小王表示身体不适，要在房间休息。带队教师了解情况后，让小王继续在房间休息。中午带队教师课程结束后到小王房间探望，发现小王不在房间，之后小王失联。学院师生立即组织开展寻找工作，向当地派出所报案，并通知小王的家人迅速赶往实习地。

学校组织师生多方寻找，并借助媒体寻找小王的踪迹。9月24日，经好心人提供线索，学院师生发现小王的踪迹，送小王至医院，小王被诊断为精神分裂障碍，接受住院治疗。

小王出现异常心理可能的原因分析：第一，父母对小王期待较高，小王的哥哥是研究生毕业，小王的父母期望小王和他哥哥一样，能考上研究生，找份好工作。小王想考研究生，但是当时小王处于2门功课不及格的境地。当时小王大三，处于考研复习冲刺的重要阶段，小王的心理压力很大。这可能是小王异常心理的主要导火索。第二，小王平时性格内向，不喜社交，不爱找人倾诉心事，烦恼得不到缓解，压力不能合理宣泄，导致不良情绪长期积压。

**危机干预**

1. 发现疑似心理危机情况，及时作初步处理

辅导员发现小王言语表达有些混乱，包含不符合逻辑的内容后，即判断小王疑似存在精神障碍，及时联系小王的家人，告诉小王的家人，小王可能存在精神障碍，让小王家人重视，并要求小王家人及时赶到小王实习所在地。辅导员还及时向学院领导汇报，获得学院领导的协助，同时提醒小王的带队教师和同行的学生干部密切关注小王的情况。

2. 多线索寻人，安抚家长情绪

小王失联后，当日下午，学院师生向当地派出所报案，请求民警协助寻

找。学院师生也努力寻找，与当地派出所保持联系，定期沟通寻找情况。在征得小王家人同意后，学院师生在报纸、广播和社交网络上发布了寻人启事，排查小王的可能联系人和可能出现的重点区域，开展拉网式寻找，同时尽力安抚小王家人的情绪。

3. 发现失踪线索，冷静处理，妥善安置

9月24日，好心人提供线索，学院师生发现了衣冠不整的小王。辅导员第一时间联系小王的家人，动员小王的家人将小王送至精神卫生中心。由于当时小王神情呆滞、嗜睡、衣冠不整，无法进行正常交流，小王的家人也认为小王可能患有精神类疾病，于是同意将小王送至精神卫生中心。经医生诊断，小王确诊为精神分裂症，住院接受治疗，同时办理了休学手续。一个月后，小王出院，回老家继续治疗。

4. 申请复学，多重把关

第二年9月，小王申请复学。一方面，学院要求小王出具两份近期的医院诊断证明，一份是当地的医院诊断证明，另一份是某精神卫生中心的诊断证明；另一方面，学院请心理咨询师与小王交谈，观察小王的情况，判断小王是否适合复学，是否能适应学校的学习生活，同时请心理健康中心出具小王心理状况的说明。经过观察，心理咨询师认为小王有较好的自知力，心理状况良好。然后，请小王的家长签署了承诺书，承诺家长全程陪读，督促小王服药，关注和照顾小王的学习和生活状况，如发现异常，及时向学院及学校汇报。通过多重把关，在一定程度上降低了小王复学后可能带来的危险性。

**干预结果**

本案例中，小王突发心理疾病前的干预做得还不够，事后干预比较及时，处理比较得当。小王基本康复，复学并顺利完成学业，成功就业。

**经验分享**

本案例中,学生的安全得到保护,疾病得到有效治疗,顺利完成学业并顺利就业。具体来看,主要有以下几点经验可以分享。

1. 辅导员应具备识别异常心理疾病的能力

辅导员应具备识别异常心理疾病的能力,这有助于及早发现学生的异常心理情况,更好地维护学生的身心健康,维护校园稳定。本案例中,辅导员在与小王的通话中,及时发现小王存在心理异常。心理正常与异常的判断依据之一是主观世界与客观世界的统一性原则。如果出现主、客观世界明显不统一的现象,应第一时间干预。

2. 多方合力,共同解决问题

本案例中,小王失联后,学校高度重视,安排多位老师和同学,全面寻找。正是学校和家长同心协力,共同努力,才稳定了事态发展。

3. 严格把关复学申请

严格把关被诊断为精神疾病的学生的复学申请。因为被诊断为精神疾病的学生申请复学时仍可能有一定的风险性,所以对于这类申请复学的学生,学校要严格把关。

4. 建立完善的危机事件预警机制

学校要将突发事件的处理程序和流程制度化,职责明确化,这样在处理突发事件的时候,才能有据可依,提高处理效率。

**案例点评**

本案例中,小王突发精神分裂症后失联,事前干预不够充分,事后干预比较及时。精神分裂症是一组病因未明的严重的精神疾病,有感知、思维、情感和行为等多方面障碍及精神活动的不协调。精神分裂症的患者与现实缺乏联系,存在幻觉和妄想,思维异常,行为怪异,社会功能受损。

在处理这类精神疾病时，相关人员应尽可能保持冷静，给患者安静的环境，在语言或动作上安抚患者，安排人看护，以防意外发生。本案例处理过程中，值得思考的地方是，学院并未安排人 24 小时看护小王，后来小王失联。学校应建立完善的危机事件预警机制，不定期筛查出需要重点关注的学生的名单并定期跟踪，早发现，早干预，早治疗。此外，在对疑似患精神障碍的学生进行干预和处理时，需要严格遵守国家法律、法规及各项规章制度，需要遵循一定的程序，不能非法拘禁或限制学生的人身自由，注意保护学生的隐私。

## 24　戏剧化的精神分裂症案例

——一例由精神障碍引发失联危机的干预报告

小芳（化名），女，来自工薪家庭，家里有一个妹妹。小芳高一时，因觉得和同学人际关系糟糕，休学半年后继续读书，其间没有去过相关医院，复学后整体状态良好，成绩优异，考入大学。

进入大学后，辅导员在与小芳的接触中发现，小芳穿着朴素，谈话时不太有眼神的交流，有时会自顾自地说话，主观意识比较强。入学军训时，小芳表现积极，能主动和辅导员沟通。小芳在同学中比较活跃，行为处事大大咧咧，有一两个关系较好的同学，和宿舍同学关系一般。辅导员还了解到，小芳对自己的形象不太满意，有点自卑。辅导员对小芳的整体印象还不错。

**危机发生**

入学不到半年的某个节假日后，小芳失联了。放假第一天的傍晚，小芳父亲打电话给辅导员，反映小芳说放假要回家，但一直没回来，并且当天上午发生了一件奇怪的事，小芳妹妹接到小芳的电话，小芳在电话里说自己在上海迷路了，现在在南京东路上，找不到回家的路，也找不到回学校的路，手机被偷了，现在借别人的手机打电话，其他还未说清，电话就挂断了。之后，小芳父亲给小芳手机和来电的手机打电话和发消息，都无法再联系上。

辅导员接到小芳父亲的电话后，感觉情况比较紧急，立刻赶回学校，到小芳的宿舍了解情况。辅导员向小芳的室友和好友了解了小芳近期的状况。辅导员了解到，小芳近期在通识课的讨论群里发表自己的看法，受到同学的质疑和反对。小芳在班级中比较积极，但感觉自己没有得到同学的喜欢和认可。好友反映这段时间小芳为了这些事情一直情绪沮丧。特别是小芳曾和好友说，自己的手机受高中同学的控制，不能打电话和发消息，好友觉得不可思议，认为她想太多并安慰了她。小芳的室友反映，这段时间小芳经常在宿舍哭泣，曾出现听到屋外有声响的情况。辅导员还了解到，小芳曾表达过自己喜欢某个男生。

小芳的室友反映，在放假前一天下午，小芳就整理好行李，和室友说自己要回老家，然后就离开了宿舍。小芳家很远，假期只有短短的三天，小芳要回家，大家觉得有点奇怪，但也没放在心上。之后，小芳与室友、好友再无联系。

**危机干预**

辅导员了解情况后，及时上报领导，同时给小芳的手机打电话、发消息，然而都无法联系上她。由于事态严重，辅导员当晚留宿在学生宿舍管理员处。第二天凌晨三点左右，辅导员接到一个陌生人的电话，告知有个女学生在上海火车站附近的某洗浴中心，让辅导员去接她。陌生人是一个女性，称自己是洗浴中心的工作人员，看到这个女学生精神状态不好，所以帮忙打电话。

辅导员立刻联系了三个男同学陪同前往。到达洗浴中心时，辅导员安排一个男同学在外等候，告知他如果发现里面情况不对就立刻打电话报警。随后，辅导员和两个男同学进入洗浴中心。

洗浴中心的工作人员带出小芳。小芳的精神状态有点恍惚，辅导员问她是否受到伤害，小芳说没有。洗浴中心的工作人员称是两个男性带她前来，已先行离开。此外，小芳说自己在洗浴中心看到了班上另一个女生。辅导员立刻电话联系那个女生，那个女生说自己正在宿舍睡觉。随后，辅导员与同来的男同学将小芳安全带离洗浴中心。

在回来的出租车上，小芳有点恍惚地自顾自说话，说自己高中喜欢的男生有女朋友了，自己很后悔没有早点和他表白。

凌晨五点左右，小芳回到学校，辅导员让三个男生自行回宿舍，并要求他们对此事进行保密。辅导员带小芳回到宿舍楼的办公室，对她进行安抚，然后，向她了解失联 48 小时的情况。小芳不能正常表述，断断续续地说话。大概意思是，她想回家，发现手机丢了，火车票也丢了，遇到两个陌生男性，说和她做游戏，可以带她回家，她就跟他们走了。她完全不记得自己是怎么到的洗浴中心。在洗浴中心发生了什么事，她也表示不记得了。在谈话期间，她说她听见外面有声音，辅导员解释是空调外机的声音，她不相信，执意要出去看看，辅导员不得不陪小芳到外面查看。小芳看外面什么也没有，才同意返回办公室。回办公室后，小芳说自己很累，就趴在办公桌上不愿再说话。早上七点，辅导员让小芳的舍友接小芳回宿舍休息，并要求室友一直陪同。中午，小芳父亲从老家赶到学校。辅导员将了解到的情况与小芳父亲进行了沟通，小芳父亲表示会照顾好她，并想让她先好好休息。

三天后，辅导员陪小芳和小芳父亲前往精神卫生中心就诊。经医生诊断，认为小芳为精神分裂症的可能性极大，需服药治疗。鉴于小芳的情况，辅导员建议小芳休学，但小芳父亲不同意休学，辅导员只好协助他们在校外租房，由小芳父亲进行陪读。小芳父亲陪小芳半个月后，发现小芳的状态实在不适合继续在校学习，随后小芳父亲为小芳办理了休学手续。在此期间，辅导员与小芳及小芳父亲沟通事发当晚小芳是否遭遇侵犯或其他伤害，他们都予以否认。

小芳休学半学期后要求复学。小芳对自己的病情没有自知力，小芳父母认为小芳状态正常，没有什么大问题。由于小芳家里提供了当地医院的相关证明，证明小芳情况稳定，可以继续上学，因此小芳顺利复学。复学后，辅导员一方面定期与小芳面谈，提醒小芳遵医嘱吃药；另一方面定期与小芳父亲沟通。最棘手的情况是，小芳常独自短途旅游，虽然辅导员再三强调这对她来说很危险，也再三和小芳父亲联系，让小芳父亲劝阻小芳，但小芳父亲不以为然。幸好后来没有再发生失联的情况。后来，小芳进入专业学院。据了解，小芳的学习、生活状态整体较好，最终顺利毕业离校。

**干预结果**

整个干预的过程非常戏剧化，辅导员凭借所掌握的心理学知识和相对丰富的工作经验，在整个干预中，考虑到小芳的安全，积极收集信息，采取行动，第一时间接回学生，妥善处理。同时，辅导员也与小芳家长保持联系，为小芳提供相对较好的学习环境，保障了小芳的安全和成长。

**经验分享**

本案例有以下几点经验可以分享。

1. 及时采取行动

辅导员认识到问题的严重性，第一时间返回学校全面收集信息。在收集信息后，整理和分析信息，初步评估小芳的情况和问题。特别重要的是，较早确定小芳是否存在自杀的风险。在整个事件的处理过程中，辅导员把小芳的安全放在首位。在去洗浴中心接小芳的过程中，辅导员安排男同学陪同前往；当小芳提到班上另一个女生也在洗浴中心时，虽然感觉是胡话，但辅导员还是立刻联系那个女生；在确认小芳安全后，辅导员立刻离开洗浴中心；在小芳父亲到学校之前，辅导员与小芳同学轮流陪同小芳，确保小芳身边一直有人陪伴。

2. 建立多方位的安全体系，保障学生的学习和成长

突发事件是一时的，而对事件的处理，对学生的关心和关注是长期的。合情合理的特殊学生处理模式，值得推广和进一步健全。

3. 前期的信息收集应更全面

本案例能妥善处理也存在很大的偶然性。如果没有洗浴中心工作人员的

电话，后续结果可能更为严重。因此，前期的信息收集应该更全面，学生心理健康的三级网络还有待加强。

**案例点评**

经精神卫生中心医生的诊断，小芳患精神分裂症的可能性极大。精神分裂症是一组病因未明的精神疾病，多发于青壮年，常有感知、思维、情感、行为等多方面的障碍和精神活动的不协调。本案例中，小芳在失联前已出现幻听（觉得屋外有声响）、关系妄想、被控制（被高中同学控制）、定向障碍（迷路）等精神疾病的阳性症状。找到小芳后，小芳还存在意识不清、自知力缺损等精神症状。在高一时，小芳存在不能适应高中生活而休学的情况，此次发作在大一上学期，新的学习和生活环境可能是小芳重要的压力源。

## 25　在协同教育中健康成长
——一例由突发精神疾病引发心理危机的干预报告

小力（化名），男，22岁，大三学生。父亲65岁，农民，身体有残疾；母亲54岁，也是农民，身体状况良好。小力是独生子，家境十分贫困。小力读大学前无重病住院的情况，身体状况良好。在大一期间，小力经常和班上的L同学来往，L同学给小力带来十分严重的消极影响，也给小力的三观带来了巨大冲击。大学期间，小力学习能力较差，多门课程挂科，班级针对小力的情况成立了学习帮困小组。大三下学期的3月，小力出现异常，学校及学院开始高度关注小力的情况，并对其进行心理辅导。

### 危机发生

3月4日早上，小力被同学发现衣着单薄地坐在学校的马路上，后来辅导员和同学送小力去学校的医务室，其间小力全身抽搐，要求抽烟，非常紧张。抽烟后小力表示自己没事了。辅导员观察发现，小力的神态正常，于是安排同学陪同小力进教室上课，辅导员也到教室中进行观察。课堂上，小力的表现比较正常。当天晚上到第二日上午，小力出现言语逻辑混乱的情况。

### 危机干预

由于小力出现言语逻辑混乱的情况，学院立即安排辅导员和同学对小力进行24小时的陪护，联系了小力的家人，请其来校，并向学校的心理辅导中心寻求帮助，在心理辅导中心心理咨询师的建议下，学院邀请了精神卫生中心的精神科医生到学校对小力进行评估，基本结论是不排除原发性精神障碍的可能性。当天晚上，辅导员和社区辅导员共同陪护小力，小力出现了自伤和攻击老师的行为。

小力的家人答应来校，学生处联系车辆，由一名老师和一名学生前往机场迎接。返校路上，老师将小力的病情向小力的家人进行了详细的介绍。抵达学校后，学院党总支书记会同学院相关人员驱车将小力送往精神卫生中心。此时，小力已经完全失控，出现了大小便失禁的症状。精神卫生中心的医生立即安排小力入院，接受治疗。学生处专门为小力的家人预定了宾馆。入院两天后，小力的病情得到了控制。经协商，小力的家人同意回家乡治疗。回家乡治疗期间，学院一直与小力的家人保持沟通，关注小力治疗的效果。

经过紧急治疗，小力的病情逐渐稳定。返校后，小力学习主动，与同学相处较为融洽，与老师沟通较为顺畅。寝室长经常主动找小力沟通交谈，带小力与同学一起活动，小力变得活泼开心起来。班级心理委员及其他同学反映，小力的日常交际良好，会主动与同学打招呼，主动与同学交流学习上遇到的问题。

**干预结果**

经过治疗和学校的关心，小力顺利毕业离校。每隔一段时间，小力就会与学院以及辅导员联系。小力目前在西部某社区工作，从小力的叙述来看，目前他情绪平稳，按时服药，在工作过程中找到了成就感。小力经常表示，在学校时受到老师们的帮助，至今一直记得。他要通过在社区的工作回报社会。

**经验分享**

在老师、学院和学校的帮助下，经过医院治疗，小力的状态得到改善，取得了较好的效果。对于小力的心理危机干预，我们有以下几点经验和体会可以分享。

1. 建立顺畅的信息传导机制

学校与学院之间，医院与学校之间，任课老师、导师、辅导员和社区辅导员之间需要互通信息，共同育人。

2. 建立返校后的关爱机制

患精神疾病的学生返校后，更需要理解、关怀和帮助，而不是疏远。

3. 建立事前—事中—事后干预机制

学校针对小力的情况，建立了事前—事中—事后的应急干预机制，并切实运行，有效帮助了小力。

**案例点评**

原发性精神障碍不同于器质性精神障碍。原发性精神障碍通常无法查明致病原因，本案例就是这种情况。小力发病较为突然，发病前几乎没有任何迹象，病情发展迅速，当晚就出现自伤和攻击老师的行为。所幸学校反应迅速，应对及时，没有造成更严重的后果。

本次突发事件能圆满解决，学校建设的心理健康三级网络体系起很大作用。"点""面"结合，班级心理委员为"点"，学院统筹为"面"，构筑起心理委员、心理工作站（朋辈组织）、学校心理辅导中心的三级网络，专职心理咨询师对具体工作进行指导和协调，全面保障学生的健康和安全。学生或老师观察到异常情况或发现攻击、伤害等危险行为后，及时上报信息，辅导员、学院和学校协同采取有效措施，迅速反应。首先，要确保学生，包括异常心理状态学生及周围学生的人身安全，第一时间联系异常心理状态学生的监护人，说明情况，迅速到位。其次，要做好心理危机干预工作，请专业的精神卫生中心的精神科医生到校对学生的情况进行评估，作出初步判断后迅速就医，减少对学生的心理损伤和身体伤害。再次，学生康复返校后，安排同学对学生的日常生活提供帮扶，通过社会支持系统帮助学生获取情绪、情感和心理的支持，帮助学生尽早恢复正常的学习生活，同时提高学生适应能力和应对能力。

  本案例充分调动了学校各方面资源，借助学校长期以来建立的医教结合平台，在精神卫生中心专业的精神科医生的协助下，实施干预和帮助，取得较好的效果。本案例为高校心理危机干预提供了一个思路，即心理危机干预绝不是学院或心理咨询中心单打独斗，而是要多个部门形成合力，才能迅速处理危机，取得较好效果。

## 26　积极发挥四级网络在危机干预中的作用

——一例由突发精神疾病引发心理危机的干预报告

当事人小张（化名），女，大二学生，性格有些内向，与人交谈时不太愿意和人对视。小张性格文静，喜欢在家看书学习，经常和父亲聊天。小张的父亲很健谈，母亲内向寡言，家庭经济条件优越。小张的父母很重视小张的教育，小张本人也很重视自己的学业。小张的父亲很溺爱小张，同时对小张有很高的要求，比如规定小张必须阅读一定数量的世界名著。据小张父母讲述，小张对佛教感兴趣。

小张出生在城市，由于父母工作的关系，学龄前在农村生活，并不和父母住在一起。高中阶段有一年的住校经历，之后便搬到亲戚家居住。后来，小张的父母在小张就读的高中附近买了房子，陪伴小张。中考时，小张以学校前50名的优异成绩入学，之后下降到100名左右。之后，小张顺利考入大学。小张很重视学业，大一期间经常在图书馆看书，暑假回家在培训机构学习英语。

从出生到高中，小张曾在很多地方生活和学习，经常换环境，这导致小张的朋友不太多。小张和同辈的亲戚相处不错，也谈得来。来上海读大学后，小张在学校几乎没有朋友。在上海其他高校有一些老乡，但联系甚少。大一暑假，小张在学习英语期间，被别人烫伤了胳膊，但没有发生争执。相比母亲，小张和父亲的关系更为亲近，沟通更多。

查阅小张大一入学时的心理普测结果发现，小张属于第三类正常学生。此外，小张在怀疑性、世故性、忧虑性和恃强性上得分较低，而在敢为性和幻想性上得分较高，说明小张是一个信赖、随和、天真、无忧无虑的人，有时可能会显得粗心大意，偶尔也会有冒险的冲动。

**危机发生**

大二第二学期开学不久，小张在一次体育课上与其他学院的学生发生冲突，辅导员介入处理。具体经过如下（来自辅导员的陈述）：一天下午四点左右，小张上体育课，在跑步的过程中，遇到其他学院的三个女生。小张在前面跑步，三个女生结伴在后面跑。突然，小张停下来，转过身径直走向三个女生并责骂她们，意思是听到这三个女生辱骂自己，三个女生和小张争辩，最后争辩升级为肢体冲突。小张先动粗，但小张毕竟只有一个人，势单力薄。后来，小张跑到教学楼，其他学生见状报告辅导员，辅导员出面进行调解，将四人喊到办公室了解情况。三个女生觉得小张莫名其妙，向辅导员反映，她们三人只是在聊天，根本没有注意到小张，至于小张说她们三人辱骂她更是无从谈起。

**危机干预**

辅导员感觉小张的行为较怪异，随即联系了心理辅导中心，希望带小张前来咨询。通过安排，小张由辅导员带至心理辅导中心，两名专职心理咨询师、辅导员和小张四人进行了一个小时左右的谈话。谈话过程中，对该事件进行了回顾。小张反映，这三个女生辱骂自己。当问到具体的辱骂内容时，小张说"很难听，我说不出口"。虽然几次问到这个问题，但是小张都不愿说。当询问是否曾发生过类似事情时，小张称经常发生这样的事情，走在路上，其他素不相识的学生会对自己说些难听的话。当问到有没有可能听错时，小张坚定地表示没有听错，自己的确听到了。通过谈话，辅导员和心理咨询师了解到，小张非常想学习，但效率不高，成绩一般。谈话过程中，小张眼神不自然，与人对视少，神色有些许慌张，有时傻笑。

和小张谈话后，辅导员联系了小张所在班级的心理委员，心理委员正好和小张是室友。辅导员进一步了解到，小张自本学期起，经常有一些怪异的举动，如对着镜子说"我是观世音菩萨转世"，并且冷笑，让人不寒而栗。在寝室里，小张会无缘无故破口大骂对面宿舍楼的学生。小张常去自习室学习，看上去很用功，但看书时，室友注意到小张一直盯着一页，很久也不翻页。

冲突事件发生后，辅导员联系了小张的父母，小张的父母及另外一个亲戚很快赶到了上海。辅导员安排小张的父母到心理辅导中心与心理咨询师进行面谈。在谈话过程中，心理咨询师从小张的父母处了解了小张的成长经历。面谈中，心理咨询师表达了对小张状况的担心，建议小张的父母尽快带小张去专业的机构进行咨询和治疗。小张的父母希望见到小张后，和心理咨询师再进行一次谈话，然后再作决定。

按照约定的时间，心理咨询师、辅导员和小张的父母进行了第二次谈话。在这次谈话中，小张的父母的态度发生了很大转变，他们认为自己的孩子没有问题，而且要考虑找其他学院的那三个女生谈谈，希望学校能按照校纪校规对那三个女生进行处分。面对这样的情况，心理咨询师决定不强求让小张的父母带小张去治疗，但是把小张的异常情况和学校对小张的担心再次进行了特别的强调，建议小张的父母和小张相处期间，密切注意小张的状态。直到谈话结束，小张的父母仍坚信小张没有问题。

随后，学院启动了危机干预程序，学生处组织召开了危机个案研讨会，介绍了危机事件发生的过程和小张的基本情况，讨论了危机事件的处理办法。会议关注的焦点是，如果小张的父母不配合，学校该如何处理？心理咨询师判断小张的情况有愈来愈严重的趋势，而小张的父母看到的"正常状态"可能是一时的，如果小张的父母继续和小张相处，应该可以看到小张的异常情况。因此，心理咨询师建议学院在做好监护的前提下，要取得小张的父母的信任，督促小张的父母带小张去专业医院接受诊断与治疗。会后，心理咨询师将个案情况和会议记录形成纸质报告发送给学院，希望学院关注小张的情况,并和家长保持沟通和联系,确保小张的人身安全。

第二天,小张的辅导员来电称,小张的父母已与他联系,准备尽快带小张回家接受治疗。因为前一天晚上,小张和父母住在宾馆,小张突然蜷缩在角落,又骂又哭又笑,胡言乱语,举止怪异,这让小张的父母深信小张的状态很不正常。因此,辅导员快速帮小张办理了休学手续,小张回家接受治疗。

**干预结果**

小张回家后,辅导员与小张和小张的父母一直保持密切联系,了解关心小张的治疗情况。一个学期后,经过治疗,小张的情况比较稳定,小张提出复学申请,辅导员协助小张办理了相关手续,随后小张回到学校。回到学校后,小张的学习和生活比较正常。学院心理辅导员和班级的心理委员也一直关注和关心小张的情况。

**经验分享**

在高校,一些可能存在精神疾病的个案,特别是当事学生出现幻听、妄想症状的个案,处理的难点并不在于是否发现和诊断异常,而在于如何取得学生家长的积极配合,督促学生家长和学生到正规的医疗机构,接受规范的诊断和治疗。本案例处理较妥当,有以下经验可以分享。

1. 加强对辅导员的培训,增强辅导员对异常心理的了解和心理干预的警觉性

辅导员身处一线,是最可能发现学生异常的群体,培养辅导员对大学生心理问题的敏感性和洞察力非常重要。

2. 发挥班级心理委员的作用

本案例中,心理委员的快速报告机制似乎没有很好地发挥作用。在高校心理健康教育的工作队伍中,心理委员有着无法替代的重要作用,对他们的专业培训必不可少。

3. 取得家长的配合

本案例中,对小张的状况有了较多了解后,心理咨询师没有操之过急,没有强迫小张的父母带小张接受治疗,而是表达了对小张状态的担心,后来获得小张的父母的配合。当然,如果小张的疾病状态没有再次爆发,那么可能会延误治疗的时机。因此,还要具体个案具体处理,视情况而定。

**案例点评**

本案例中,虽然心理委员并没有及时向辅导员汇报小张的异常表现,但是在后续的工作中,心理委员仍发挥了积极的作用。通过心理委员的反馈,辅导员全面了解了小张在宿舍中的异常表现以及小张的病情发展,有助于危机干预的顺利进行。

在心理危机干预工作中,建立和形成学校、学院、班级、宿舍"四级"预警防控体系必不可少。其中,班级的心理委员在预防校园危机事件,提高班级同学心理保健和求助意识等方面扮演了重要的角色,因此对心理委员的培训显得尤为重要。然而,在现实工作中,还存在着诸多问题,如心理委员的专业性有待进一步提高,心理委员身份的认同感、工作的成就感和队伍的稳定性也要引起注意。因此,在帮助心理委员了解基本的心理健康知识,掌握辨别心理异常的方法,学会简单或初步的心理干预方法的同时,也要重视心理委员的自我成长,帮助他们优化自身的心理健康水平,进一步增强对心理委员身份的认同感和工作的成就感。

## 27　干预，赢得信任的过程

——一例由突发分裂样精神障碍引发危机的干预报告

女学生C，高中时期学习成绩良好，入大学后，成绩较为平稳。大一第二学期，C的成绩出现滑坡，考试挂科及旷考情况严重。C是独生女，上大学前一直与父母生活在一起，父母对C较为娇惯。因工作原因，C的父亲经常上夜班，更多时候C是和母亲一起生活的。C的母亲性格强势，父母常因生活琐事争吵。C的父母反馈，C入学前身心状况良好，从未发现异常表现。C刚入大学时，学业与人际交往正常，平时喜欢逛网络论坛，玩电脑游戏。

据同寝室同学反映，在与C长期相处的过程中感觉C"不太合群""比较自我中心""与大家的关注点不一样"。此外，C曾与同寝某位同学因话题分歧而产生过矛盾。从大一第二学期开始，C逐渐封闭自己，与同学沟通变少，后来开始旷课，终日"宅"在寝室，沉迷于逛网络论坛和玩电脑游戏。

辅导员与C谈话后发现，C的状况未见改善。辅导员约谈C的家长，反馈C的在校情况，请C的家长一起关心C的学习与生活。同时，将C作为学业困难学生重点关注。

由于C与辅导员接触时始终较为沉默，所以辅导员请学院的心理辅导员与C谈话，了解C的情况。在实际沟通中，心理辅导员发现，C缺乏人际沟通技巧，性格较内向，在沟通过程中存在注意力不集中的现象，且情绪始终很低落。C反馈自己压力较大：大一时人际关系紧张，内心冲突很大；大二时学业压力较大（挂科太多）。此外，C上课时注意力很难集中，很容易分神或开小差。心理辅导员让C尝试上课时关注一下让自己分神的内容。C反馈自己分神的内容比较破碎，意义也很不连贯，这种状况已影响到 C 正常的学习，凭意志力也无法改善上述情况。在了解上述情况后，心理辅导员将 C 的情况上报学校心理咨询中心备案并询问问题解决建议，后结合学校心理咨询中心反馈的建议，一起约谈 C 的家长，请 C 的家长尽快陪 C 去精神卫生中心评估 C 的心理状况。心理评估结果表明，C 存在中度敌对情绪及轻度精神病性症状。恰好寒假临近，C 的家长为 C 办理了临时休学手续。C 所在学院也将 C 列为重点关注对象，并上报学校心理咨询中心备案。

### 危机发生

　　C 大二第二学期复学后的某天晚上，22 时左右，辅导员接到 C 所在寝室 Z 的电话。Z 反映 C 在寝室中出现情绪和精神异常现象。接到电话后，辅导员第一时间赶往 C 所在寝室，发现 C 正在指挥寝室中另外两个同学（W 和 S）用报纸把寝室门上的天窗盖住，并出现情绪暴躁和骂人的现象。辅导员从宿舍管理员处拿到 C 寝室的钥匙，进入寝室后发现，C 蜷缩在室友的床上，W 正在安抚 C 的情绪。当辅导员试图与 C 打招呼并对话时，C 突然情绪暴躁，大喊大叫，让其他人都离她远一点，只允许 W 和 Z 留在寝室，并不时辱骂其他人。为了稳住 C 的情绪，辅导员暂时退出寝室并马上与学院的心理辅导员联系。心理辅导员迅速与 C 的母亲取得联系，希望 C 的母亲尽快赶到学校。

　　凌晨 1 时左右，C 的母赶到 C 的宿舍，与宿舍管理员协商后，C 的母亲暂住在 C 隔壁的宿舍中，待天亮陪 C 去精神卫生中心接受诊断与治疗。凌晨 2 时左右，C 疲倦入睡，心理辅导员将当晚情况上报学院直属领导。

### 危机干预

　　第二天一早，心理辅导员再次来到 C 所在宿舍。据宿舍管理员及 C 隔壁寝室的同学反映，C 清晨醒来后再度出现与前一晚相同的情绪与表现，情绪较为激动,恐惧并存在明显的幻觉(如看到寝室窗外与门外有各种妖怪,听到有人在自己耳边跟自己说话,让自己保持警惕)与妄想(认为除了同寝室的同学,其他人都想通过某种方式害自己),除其认可的同寝同学 W 外,不让任何人走进寝室。C 的母亲于早上 6 时左右离开学校,赶往浦东寻找亲戚。上午 8 时左右,学院相关领导赶到现场,详细了解 C 的情况,与学校心理咨询中心负责老师联系并商谈解决办法。

上午 9 时许,心理辅导员设法进入 C 的寝室,对 C 进行疏导与干预,并让一直陪伴 C 左右的两个同学退出寝室。在整个干预过程中,心理辅导员采用共情技术,以 C 产生的幻觉与妄想内容为切入口,请 C 讲述 C 的幻觉与妄想内容,逐步取得 C 的信任。C 的情绪逐渐平缓下来,开始听从并配合心理辅导员的建议。

与此同时,学校心理咨询中心的老师陪同所在区精神卫生中心的医生赶到现场,医生对 C 的精神状况进行了评估,明确 C 的表现已属精神疾病的范畴,建议住院观察治疗。随后,C 的家长为 C 办理了休学手续,带 C 离开学校前往精神卫生中心接受诊断和治疗。

**干预结果**

C 去精神卫生中心就诊后,C 的辅导员和学院心理辅导员一直与 C 的家长沟通,了解 C 的情况。两天后,心理辅导员接到 C 的家长的电话,告知 C 被诊断为分裂样精神障碍,需要住院接受治疗。

C 休学治疗期间,相关负责老师定期与 C 的家长联系,了解 C 的近况并实时上报。暑假期间,在了解了 C 的恢复情况较好后,心理辅导员提醒 C 的家长准备好复学所需的相关材料,及时到校办理入学手续。

C 复学后,由 C 的家长陪读,照顾 C 的学习与生活。同时,学院为 C 创设较好的环境,将 C 与陪读的 C 的家长安置在单独的宿舍,并为 C 争取勤工助学岗位,缓解 C 家庭的经济压力。

C复学后,学院的心理辅导员与C的任课老师、班主任和导师沟通了C的情况,一方面协助提升C的学业,另一方面增加对C的关注及管理。同时,心理辅导员就学习和生活状况定期对C进行访谈,同时上报学校心理咨询中心备案。

**经验分享**

梳理本案例的危机干预过程,我们有如下经验可以分享。

1. 大学生心理危机干预需要依靠多方力量

作为大学生心理危机干预的主要力量,辅导员应与学生干部和学校其他部门,如心理咨询中心、校医院、学生工作处和保卫处等多个部门保持密切联系,沟通危机干预的措施,组成心理危机干预系统。本案例危机干预过程中,各部门参与人员相互配合,取得较好的干预效果。此外,当事学生家长的理解与配合也是危机干预取得效果的重要决定因素。

2. 获得当事学生的信任是危机干预的核心

干预者与当事学生的沟通过程,实际也是逐步取得当事学生信任的过程。危机事件中的当事学生往往存在"自己的感受得不到旁人的理解""无人相信自己"等消极认知及"孤立无援"的感受,当自己的感受得不到外界认可时,当事学生容易对干预者产生不信任甚至敌对、排斥和拒绝的认知与行为。本案例中,当事学生C罹患分裂样精神障碍,感知觉均出现严重的扭曲与歪曲,让干预者以常态的经验去理解当事学生此刻极具"个人色彩"的感知便难上加难了。

因此,对于处在危机当中的当事学生,干预者需要采用相关的干预技术,核心原则为:从当事学生的立场出发,对当事学生的问题、处境给予充分、真诚的理解与接纳,对其言语描述予以充分的倾听,通过语言、语调和躯体语言让当事学生认识到干预者是给予其关心和帮助的人,从而为危机干预的后续环节提供可靠的依托。

3. 医教结合是危机干预的重要保障

本案例中，学校积极响应上海市高校心理健康教育医教结合工作的倡议，与所在区精神卫生中心合作，定期邀请精神卫生中心的专家围绕大学生常见心理问题，以讲座的形式对校内辅导员进行宣传教育，提升辅导员对学生心理问题识别与排查的敏感性，也为辅导员参与学生心理危机干预工作提供了理论指导与处理思路。本案例中，相关部门在危机干预过程中各司其职，默契协调，这是在宏观层面将心理危机干预工作规范化、制度化和流程化后的结果。

## 案例点评

精神分裂症是一组病因未明的常见精神疾病，多起病于青壮年，常有感知、思维、情感和行为等方面的障碍和精神活动的不协调，病程迁延，是精神疾病中患病率最高的一种，给患者家庭和社会带来沉重的负担。近年来，高校大学生罹患此类疾病的人数逐年增长，因此对精神分裂症做到早识别、早干预，对学校、学生及学生家庭均具有重要意义。

心理危机干预是一场"在危险中寻找转机"的沟通，取得当事学生的信任是沟通的基础，也是干预成败的关键。本案例中，心理辅导员使用"共情"技术，稳定了当事学生的情绪，争取了当事学生的信任与配合。安抚处在紧张和怀疑情绪状态，认为外部世界都不安全，不让任何人靠近的当事学生，成为干预顺利开展的关键。本案例中，心理辅导员从当事学生的立场、感知和体验入手，全然接纳并准确传达对当事学生体验的感知，让当事学生产生了"他和我是一起的"的同盟感，最终赢得了当事学生的信任，确保了当事学生当下的人身安全。

此外，心理危机干预要注重整合相关资源。在当前心理卫生工作规范化和流程化的大背景下，"家校一体""家校联动"在高校心理危机干预工作中的作用日益凸显。现行法律强调精神疾病患者住院治疗的自愿原则，充分尊重患者自身及其监护人的意愿。本案例中,学校发现学生出现状况后,第一时间维护学生的人身安全,同时将学生的情况通报学生家长,积极搭建"家校一体"的援助平台,寻求当事学生家长的理解和支持,将学生家长这部分有利资源整合到整个危机干预工作之中并加以合理利用,从而确保当事学生顺利完成转介,及时得到专业人员的帮助,对当事学生之后的康复起到关键作用。

## 28　如何防控突发心理疾病
——一例由精神障碍引发伤人危机的干预报告

L,来自外省知识分子家庭,经济条件中等偏上,学习成绩一直很优秀,从小在当地比较有优越感,未发病前人际关系良好,与宿舍同学正常交往。

**危机发生**

11月22日晚上,辅导员接到校保卫处电话,告知本学院某级学生L由于在某地下车库拦截儿童被带到派出所。当天,L狂躁不安,神志不清,出现不认识人等情况,被带到派出所后,情绪逐渐稳定。

**危机干预**

学院第一时间布置危机干预工作,派出三名辅导员进行干预。辅导员将实际情况告知L家长,L家长表示第二天中午赶到学校。当天晚上,L返回宿舍,宿舍管理员为L单独安排了一间空宿舍,让L暂住。同时,学院安排一名学生和两名辅导员陪同。

第二天中午,L家长赶到学校后,经过沟通,L家长在辅导员的陪同下,带L前往精神卫生中心就诊,诊断结果为急性短暂性精神病性障碍,并住院接受治疗。当天,L家长为L办理了因病休学的手续,休学一年。

**干预结果**

第二年6月,L提出复学申请。经过半年的治疗,L的病情已经基本得到控制,可以正常学习和生活。经过精神卫生中心和校医院的鉴定,学校同意 L 复学。L 的成绩有了明显的进步。学校要求家长加强对 L 的关心和陪伴,同时嘱咐 L 每天按时服药,与家人和辅导员保持沟通。L 的生活逐渐步入正轨。

**经验分享**

本案例中,当事学生通过专业的诊断和治疗,最终恢复正常的学习生活。整个危机干预过程,有以下几方面的经验可以分享。

1. 高度重视,迅速处理

辅导员接到保卫处的电话后及时上报,学院立即成立危机干预工作组,派出三名辅导员进行干预。学院高度重视,第一时间了解情况,布置工作,很快稳定了学生的情绪。

2. 家校合力,保持沟通

当天,辅导员及时将当事学生的情况告知学生家长,与家长协商解决。

3. 悉心看护,保障生命安全

当天晚上,当事学生回到宿舍,为方便看护,学院为当事学生安排了单独的住处,同时也安排学生和辅导员陪同,让当事学生在关键时期得到有效看护,不让危险进一步扩大。

4. 明确问题,接受专业治疗

第二天中午,当事学生前往精神卫生中心就诊,明确诊断结果并按照医生建议立即住院接受治疗,同时办理休学手续。只有明确诊断,才能客观判断当事学生病情的严重性,选择合适的治疗方案。

5. 制订计划,顺利回归

当事学生休学期间,辅导员定期关心学生的恢复状况。学生复学后,学院根据学生的实际情况,制订了学习计划,做好学生的心理适应性工作,安排合适的寝室环境,保证学生在家长和学校的细心看护下,平安度过在校的剩余时间,顺利完成学业。

## 案例点评

急性短暂性精神病性障碍是一组起病急骤、缓解彻底、持续时间短暂的精神病性障碍,多发于青壮年期,患者常在数小时内由正常状态迅速发展为明显异常状态,随着其妄想和心境的变化,患者或缄默寡言,或大吵大闹,甚至会产生冲动攻击等行为,其发病往往由外部刺激所致,与个体的社会因素、心理因素、身体因素和道德因素密切相关。当学生出现行为异常时,教师要特别注意,可以建议学生到心理咨询中心或精神卫生中心进行咨询、诊断和治疗,防患于未然。如果学生的异常行为已经影响到社会秩序和生命安全,那么学校要迅速进行危机干预,与学生的监护人一起为学生搭建社会支持网络,帮助学生康复,恢复学业。本案例中,学院和学校相关部门和家长均履行了各自的职责,通力合作,保证了学生的健康和安全。

## 29 "在妈妈的心里我只有 5 岁"
——一例由血友病引发心理危机的干预报告

小 X，男，上海某大学大三本科生，5 岁时被诊断为血友病，父亲有稳定的工作，现在已办理提前退休。妈妈是外地来沪人员。小时候，小 X 因为身体原因经常请假，但学习成绩一直很优秀，顺利考取了一本大学。一家人为了照顾小 X，把房子换到小 X 的学校附近。小 X 的爸爸开出租车补贴家用，支付小 X 的医药费。

### 危机发生

年初，小 X 父亲突发中风瘫痪，小 X 自己的身体也出现状况，经常发病。一旦发病，小 X 就不能外出行动，情绪也持续低落。近一个学期，因为经常生病，小 X 无法上课，多门功课面临挂科。由于家里养的小狗被车撞死，小 X 开始不愿意到学校上学。小 X 妈妈一边做钟点工补贴家用，一边照顾丈夫和儿子，情绪处在焦虑和崩溃中。辅导员推荐心理咨询师 S 与小 X 进行了两次个别咨询，评估小 X 处于中度以上抑郁状态。小 X 妈妈与心理咨询师 S 沟通频繁，每次通话时间都在一个小时左右，心理咨询师 S 感到很无力，求助心理咨询师团队。

### 危机干预

1. 评估与分析

心理咨询师对小 X 进行评估后认为，小 X 处于中度以上的抑郁状态，影响到学习和生活。小 X 妈妈非常焦虑，倾诉欲望特别强烈。小 X 爸爸忽然从家里的经济支柱变为需要家人照顾的人，失去了退休工资以外的收入，心理上也需要安抚。

2. 制订干预策略

心理咨询中心的心理咨询师团体讨论后认为，在对小 X 进行个别咨询的同时，还应该对其家庭开展工作。心理咨询中心决定邀请三名心理咨询师、小 X 辅导员，与小 X 一家三口进行开放式对话。开放式对话每周一次，一共进行了三次。

3. 实施干预

由于小 X 的爸爸行动不方便，开放式对话在小 X 的家里进行。

第一次开放式对话。

小 X 妈妈满头白发，憔悴，话特别多。小 X 妈妈从小 X 小时被诊断为血友病开始说起，小时候如何带小 X 看病，虽然小 X 经常请假看病但是成绩一直很好，后来考上大学。说到小 X 爸爸突发中风瘫痪在床，小 X 反复发病，经常缺课，到现在不出门，不和别人交流，只玩游戏时，小 X 妈妈一边说，一边流泪，气氛比较压抑。

在这个过程中，小 X 爸爸始终没有说一句话，眼睛望着地面，没有和妻子交流。小 X 头发很长，有点乱，脸色苍白。小 X 妈妈说话时，小 X 的头越来越低，目光始终没有和在场的人交流。

小 X 妈妈反复提到，小 X 一玩游戏就停不下来，有时候小 X 妈妈忍不住让小 X 停下，小 X 会很生气。小 X 经常光着脚不穿袜子在家里走，小 X 妈妈认为这样很容易着凉，容易引发疾病，一旦发病，就需要卧床，而且要到医院配很难配的专用药物。小 X 妈妈又急又气，气小 X 为什么不能好好照顾自己，发病的时候让全家担心而且需要治疗。这期间，小 X 低着头，背也弓着。

**心理咨询师**：小 X，你妈妈说看你玩游戏时间长，还有不穿袜子在家里走动的时候,她会着急和生气,你有什么要回应妈妈吗?

**小X**:我自己心里有数的,妈妈总是把我当成孩子,唠叨我,我很烦的。

**心理咨询师**:嗯,你妈妈总是把你当成孩子,唠叨你,你很烦。那你觉得你妈妈把你当作多大的孩子?如果用年龄算,是几岁?

**小X**(不好意思地笑,抬起头):5岁吧。

**心理咨询师**:妈妈,小X觉得你把他当作5岁的孩子来看,你有什么想法?

**小X妈妈**(不好意思地):啊,是啊,他就是5岁的时候查出这个病的,因为这个病要很当心,不能感冒,不能着凉,抵抗力差的时候特别容易发病,所以我很担心他啊……别人都劝我,趁着年轻再生一个孩子,我没有这么做,我觉得一定要把小X带好。

**心理咨询师**:哦,原来是这样。也就是说,从小X确诊得这个病开始,你一直在担心着小X的身体。(转向其他心理咨询师)我觉得小X妈妈真不容易啊!原来小X妈妈着急和生气,是担心带来的。

小X妈妈开始落泪。

**心理咨询师**:小X,听到妈妈说她很担心你的身体,你有什么想法?

**小X**:我知道妈妈是为我好,她也挺不容易的,我都知道,但是我不喜欢她唠叨我。

**心理咨询师**:哦,你不喜欢妈妈唠叨你。妈妈担心你的时候,你觉得妈妈怎么提醒你,你会觉得好一些?

**小X**:其实,本来我在玩游戏,已经想好了,马上就要结束了,结果这时候妈妈来说我了,我心里一烦躁,就不想停下来了。我心里越烦躁,就越想玩游戏,让自己平静一下。

**心理咨询师**：哦，小 X 觉得玩游戏可以让自己在烦躁的时候平静一些，小 X 妈妈，你听到这些有什么想法？

**小 X 妈妈**（哽咽）：我知道他没什么朋友，也没什么同龄人可以交流，有时候是挺烦闷的，要是玩游戏可以让他平静点，也好。

**心理咨询师**：听上去，小 X 妈妈是希望小 X 可以有朋友或者跟同龄人交流。

**小 X 妈妈**（哽咽）：是啊，我担心他总是一个人闷着会闷坏的，所以一有机会我就想骑电动车带他出去兜兜。比如，上次湖边有个什么活动，我就一定拉他去看看。可是我看他在那里看的时候，好像也没有很高兴，有点走神。

**小 X**：我不是不高兴，我当时在想这样的活动对周边的影响是什么？可能带来的经济效益有多少，对环境造成的伤害又有多大？

**小 X 妈妈**：哦，是这样啊，妈妈还担心你不喜欢。

**心理咨询师**：听上去，小 X 不仅仅是看活动，还利用自己所学的知识对这次活动进行分析。

**小 X 妈妈**（开心地）：是啊，我没有想到。

**心理咨询师**：现在我们三个心理咨询师和辅导员要交流一下，你们可以作为旁观者听一听，不需要回应我们。

**心理咨询师 A**：我看到小 X 妈妈不只在生活方面关心小 X，也在精神方面关心小 X，可以说是无微不至了，而且从小 X 5 岁开始，一直到现在，快 20 年了，真是不容易。小 X 对于妈妈的关心，有时候是烦躁的，因为觉得妈妈一直把他当作一个 5 岁的孩子。我刚才听小 X 妈妈讲的时候，我也会有烦躁的情绪出来，觉得头有点疼，好像妈妈唠叨的时候，我是听不进去的。

**辅导员**：小 X 妈妈确实不容易，小 X 进入大学后，小 X 妈妈也经常亲自去学校接送他，生怕他路上有什么危险。

**心理咨询师 B**：我听小 X 妈妈讲的时候还好，没有头疼的感觉。我也觉得小 X 妈妈特别不容易，小 X 从 5 岁开始得这个病，从那儿以后，小 X 妈妈一直过得胆战心惊，生怕小 X 的病发作，因为一旦发病，全家人都担心，还要花钱治病。

**心理咨询师 C**：我感觉也还好。我有个发现，我觉得从开始到现在，小 X 爸爸一直都没有说话。听小 X 妈妈说，以前小 X 爸爸是这个家收入的主要来源，现在小 X 爸爸也生病倒下了，但是小 X 爸爸一直在努力地进行康复锻炼。不知道小 X 爸爸听了小 X 妈妈和小 X 的这段对话后，有没有什么想说的？我们来问一下小 X 爸爸吧。

**小 X 爸爸**：哎，我现在身体这个样子，也帮不上家里的忙（流泪……）

**小 X 妈妈**（用手碰爸爸说："你看你！"）：他爸爸生病以后，也变脆弱了。以前他可开朗了，喜欢看书，喜欢玩，说话很幽默的，经常和儿子交流思想。

**心理咨询师**：哦，小 X 爸爸喜欢和小 X 交流思想。

**小 X**：对，我爸爸经常给我讲一些他看的书，他很乐观的。然后我受他的影响，也喜欢看书。我觉得比较能和爸爸交流，能谈到一起。

**心理咨询师**：啊，原来爸爸对小 X 的影响这么大，和小 X 分享看书的体会，让小 X 喜欢看书，两人能够聊得来，真好！

小 X 爸爸不好意思地笑了。

第二次开放式对话。

第二次开放式对话时，除了心理咨询中心的三名心理咨询师外，心理咨询中心与小 X 沟通后，邀请了另外一个个案 H。H 患抑郁症，对自己所学专业不感兴趣，曾休学一年。经过一年的服药治疗和心理咨询，情况有了明显好转。对于这次参加和小 X 的开放式对话，H 感到挺高兴的。

开始对话前，心理咨询师先介绍了 H 的情况，小 X 妈妈对 H 非常感兴趣，详细询问了 H 患抑郁症时的治疗过程，现在的恢复情况，等等。在这个过程中，小 X 一直很专注地听。

**H**：我当时就是不喜欢现在的工科专业，特别想转到英语专业，可是学校规定文科和工科之间不能转专业，我就有点钻牛角尖了，觉得学校、老师和辅导员都没有为我考虑，规定是死的，可是人是活的呀，没有一个人真正为我个人的发展考虑。家里人也劝我，要服从学校的规定，我心里就觉得特别孤单。病情就越来越严重了，后来休学了一年。在这个过程中，我联系上了一名外国语学院的教授，向他说我对学习英语的渴望和不能转专业的痛苦。他当时的一句话给了我很大的启发。他说："如果喜欢学习英语，那么不管什么情况下，都能学习，不一定非要转到这个专业。要是你有一门专业，同时又把英语学好，比只学一门英语，有更大的优势。"我当时豁然开朗，一下子想开了很多事。老师们和我说了你的情况，我当时想和你交流一下。你从小生这个病，生活上肯定有很多不方便的地方，但是你换一个角度想，虽然你生了这个病，但是你的父母都没有放弃你，你考上了一本的学校，专业也很好，你一定有很多一般人没有的收获吧？

小 X 边听边点头。

**小 X 妈妈**：哎呀，H 说得真好，小 X 就是缺少同龄的伙伴呀，H 你以后有空来家里玩啊，我做饭给你吃。

**心理咨询师**：H 刚才分享了他自己想法转变的过程，小 X 听了不知道有什么想法？

**小 X**：我们的情况不一样……

**心理咨询师**：愿意具体说说吗？

**小 X**：每次我一发病，就一两个星期不能去学校，平时也在家里住，时间长了，和同学的关系也比较疏远，平时没有什么朋友可以交流，有时候只能在网络上交流一下。

**心理咨询师**：平时没有朋友可以交流，给你带来什么影响？

**小 X**：就是觉得心里的话没有人可以交流，觉得很孤单啊！而且时间长了，和同龄人也没有话题说了。

**心理咨询师**：嗯，觉得很孤单，没有话题。刚才 H 说，你从小生病一定带来了很多不方便，也一定有一些一般人没有的收获。你有什么想说的吗？

**小 X**：这个……我听到 H 说这个确实有点意外，要是说收获的话，应该是比一般人看更多的书，有更多的思考吧。因为很多体育类的剧烈活动我都不能参加，所以我有更多的时间看书和思考问题。

**心理咨询师**：看更多的书，有更多的思考给你的生活带来了哪些影响？

**小 X**：嗯……我会比我的同学更早开始规划以后的生活，思考什么样的生活是适合我的。

**心理咨询师**：哦，更早规划。我想现在和另外两名心理咨询师讨论一下，你们旁听，不用回应，可以吗？我刚才听 H 讲的时候，还挺有感触的。我和 H 个别咨询过几次，倒是第一次听他表达这么有深度的想法。你们有什么想法？

**心理咨询师 B**：我觉得 H 的反馈很有意义。虽然小 X 说他和 H 的情况不一样，但是也引出了很多自己的感受。我听小 X 这样说，觉得他确实很不容易。缺少同龄的朋友，会觉得孤单。

**心理咨询师 C**：我听了 H 和小 X 的话，觉得他们两个都很不容易，也很了不起，他们面临着比一般人更多的挑战，但是都用自己的坚韧和努力来面对。小 X 从 5 岁开始生病，但是学业上一直很优秀，考上了一本的大学；H 没有进入喜欢的专业，但是一直在想办法，找资源，努力学习英语。我觉得他们俩是很有韧性的年轻人。

小 X 妈妈悄悄抹眼泪。H 和小 X 也听得很专注。
第三次开放式对话。
三名心理咨询师和小 X 一家参加了对话。一开场，小 X 妈妈就很开心地告诉心理咨询师，上次 H 和小 X 交换了联系方式，这段时间他们一直保持联系。小 X 理了头发，精神状态也不错，脸色比上次红润一些。

**心理咨询师**：和 H 平时会聊些什么？

**小 X**：就是一些想法和感悟，有时候也交流一下看的书，我们在这方面有一些共同语言。

**心理咨询师**：有共同语言，挺好的。还有什么可以说说吗？

**小 X**：也没什么，就是他也介绍了他的朋友和我认识，偶尔聊几句。他有时候问我一些学习方法，我也会告诉他。

**心理咨询师**：哦，在学习上，你会给他说一些好的学习方法。能在学习上帮助 H，你有什么想法？

**小 X**（不好意思地）：对他也不一定有用。

**小 X 妈妈**：小 X 在学习上从来都没让我们操心，他是可以的。

**心理咨询师**：小 X 妈妈一直相信小 X 的学习能力，是吗？

**小 X 妈妈**：对。他高中的时候一发病，经常一两个星期不去上课，一到考试，他照样是前几名。老师都觉得很奇怪。不光是学习，你看他爸爸生病了以后，我们把市区的房子卖掉，换到学校这里的房子，都是小 X 操办的。小 X 和中介谈价格，决定买什么样的房型，买哪个小区，这些都是他决定的，我根本不懂啊。

**心理咨询师**：哇，那真是不简单，原来小 X 不只是学习上，在买房卖房这样的大事上，也能担当重任！两位老师，有什么想法要分享？

**心理咨询师 B**：我听到小 X 和 H 成为可以交流的朋友，还挺为他们感到高兴的。听小 X 妈妈说这些，我好像看到了另外一个小 X，有能力，有担当！

**心理咨询师 C**：是啊，我也看到了小 X 的另一面，乐于用自己擅长的方面去帮助别人，还很谦虚。小 X 爸爸生病时，小 X 还承担起家里的责任，卖房买房，这些交给成年人去做，都不一定能做好啊！

**干预结果**

经过三次开放式对话，小 X 的状态有一定的好转，小 X 妈妈的焦虑也得到了缓解。一个月后回访，小 X 已恢复上课，学业上有困难，学院也安排了学业帮扶小组对他进行帮助。一个学期后回访，小 X 延长一个学期修完课程即可毕业。

**经验分享**

本案例有以下几点经验可以分享。

1. 通力合作

学生所在学院的辅导员认真负责，心理咨询中心的老师责任心很强。大家一起去小 X 家里进行开放式对话，其实是责任心的体现，背后是对学生的关心和爱护。

2. 方法得当

这种牵涉到亲子沟通的案例，需要倾听多方声音。这就需要心理咨询师团队有家庭访谈的学习和训练，能够引导家庭成员彼此倾听。

3. 拥有积极品质

当事学生小 X 在患病的情况下，没有放弃自我，努力进行学业，并结合自己的兴趣和能力积极进行生涯规划，和妈妈去湖边参加活动，也能思考活动对环境的影响等，这种积极品质是最重要的。

**案例点评**

由于小 X 5 岁时得了血友病，小 X 妈妈一直很担心小 X 的身体，看见小 X 在家里玩游戏时间长就会焦虑地数落他，小 X 父亲中风又使家庭失去平衡，这些都给小 X 带来很大的心理压力，使他躲在游戏的世界里不肯出来，不肯上学。心理咨询师团队的介入，让每个家庭成员的心声得以表达。心理咨询师开会，让小 X 和小 X 家人作观察者，这是一种反思团队的做法，小 X 和小 X 家人听到心理咨询师不同视角的感想，会默默反思，产生新的想法。通过开放式对话引入了一个同辈的学生，丰富了对话的内容。心理咨询师发现小 X 有很强的思考能力和办事能力，这些"看见"让小 X 有了力量，渡过了心理危机，再次回到学校。这个案例让我们看到，心理咨询师团队工作，可以彼此支持，更有力量。

图书在版编目（CIP）数据

高校学生心理危机干预案例集 / 刘明波，刘纯姣，李淑臻主编.
— 上海：上海教育出版社，2021.4（2023.3重印）
ISBN 978-7-5720-0537-4

Ⅰ.①高… Ⅱ.①刘…②刘…③李… Ⅲ.①大学生－心理干预
－案例 Ⅳ.①G444

中国版本图书馆CIP数据核字(2021)第068527号

责任编辑　王　蕾
装帧设计　蒋　妤

高校学生心理危机干预案例集
刘明波　刘纯姣　李淑臻　主编

| | |
|---|---|
| 出版发行 | 上海教育出版社有限公司 |
| 官　　网 | www.seph.com.cn |
| 地　　址 | 上海市闵行区号景路159弄C座 |
| 邮　　编 | 201101 |
| 印　　刷 | 上海展强印刷有限公司 |
| 开　　本 | 700×1000　1/16　印张 12.5 |
| 字　　数 | 172 千字 |
| 版　　次 | 2021年5月第1版 |
| 印　　次 | 2023年3月第2次印刷 |
| 书　　号 | ISBN 978-7-5720-0537-4/B·0020 |
| 定　　价 | 39.80 元 |

如发现质量问题，读者可向本社调换　电话：021-64373213